2020年
中国保险行业
人力资源报告

Report of Human Resource in China
Insurance Industry 2020

中国保险行业协会　编

中国财经出版传媒集团

经济科学出版社
Economic Science Press

图书在版编目（CIP）数据

2020 年中国保险行业人力资源报告/中国保险行业
协会编 . —北京：经济科学出版社，2021.8
ISBN 978 - 7 - 5218 - 2835 - 1

Ⅰ. ①2…　Ⅱ. ①中…　Ⅲ. ①保险业 - 人力资源 - 研
究报告 - 中国 - 2020　Ⅳ. ①F842

中国版本图书馆 CIP 数据核字（2021）第 177349 号

责任编辑：于　源　李　林
责任校对：隗立娜
责任印制：范　艳　张佳裕

2020 年中国保险行业人力资源报告
中国保险行业协会　编
经济科学出版社出版、发行　新华书店经销
社址：北京市海淀区阜成路甲 28 号　邮编：100142
总编部电话：010 - 88191217　发行部电话：010 - 88191522
网址：www. esp. com. cn
电子邮箱：esp@ esp. com. cn
天猫网店：经济科学出版社旗舰店
网址：http://jjkxcbs. tmall. com
北京鑫海金澳胶印有限公司印装
880 × 1230　16 开　12.25 印张　220000 字
2021 年 8 月第 1 版　2021 年 8 月第 1 次印刷
ISBN 978 - 7 - 5218 - 2835 - 1　定价：128.00 元
（图书出现印装问题，本社负责调换。电话：010 - 88191510）
（版权所有　侵权必究　打击盗版　举报热线：010 - 88191661
QQ：2242791300　营销中心电话：010 - 88191537
电子邮箱：dbts@ esp. com. cn）

前言

2020 年，是中国保险业回归本源、深化改革的关键一年。自 1979 年复业以来，保险机构已由复业之初的独家经营发展到 238 家；总资产达到 23.30 万亿元，比复业之初增长万倍；原保险保费收入 4.53 万亿元，全球排名第二；承保范围和保障责任逐步扩大，赔付支出和风险保额不断增长，行业整体呈稳中向好发展态势。同时，随着保险业外资准入的各项措施逐步落地，首家获得设立批复的外资独资人身保险公司在上海成立，为保险业的转型发展提供了更多的可能性与想象空间。保险业在积极发展自身的同时，也积极服务实体经济，具体表现在服务脱贫和乡村振兴战略、服务养老保障体系、服务"健康中国"战略及助力社会治理创新等多个方面，中国正从保险大国向保险强国稳步前行。

2020 年初，新冠肺炎疫情肆虐全国，面对疫情防控的严峻形势，保险行业用实际行动展现了自身的行业价值与社会担当，一方面用保险服务为医务工作者及普通公民健康提供风险保障；另一方面创新保险产品，助力企业复产复工，充分发挥了经济"减震器"和社会"稳定器"的作用。与此同时，疫情也对保险公司外部展业及内部管理造成了深刻影响，在线下展业困难、发展受阻的情况下，诸多险企纷纷发力线上展业平台，扩充线上营销渠道，提升企业数字化水平。而随着线上办公、灵活办公的普及以及数字化的冲击，多家保险企业也开始重新审视现有的组织架构与人员管理模式，响应"独立代理人""车险综改"等一系列政策号召，围绕"组织""人才""流程"，加速推动管理模式转型升级，深化内部变革。

面对新的经济周期，保险行业需要抓住人才建设的新契机，统筹队伍建设、优化发展机制，打造政治素质硬、专业能力强，具备强烈使命感，有担当、有作为的人才队伍。需要充分调动和激发人才队伍的积极性、主动性、创造性，激励广大人才在新时代担当新使命、展现新作为，助力保险行业发展再上新台阶。

正是在此背景下，中国保险行业协会立足于行业全局，在党委书记、会长邢炜与党委委员、副会长董路君的指导下，组织开展了人力资源管理现状的问卷和专题访谈调研，着眼行业人力资源管理热门议题、关键挑战、能力提升和转型升级等方面。通过《2020 年中国保险行业人力资源报告》，对保险行业关键人力资源数据进行历史、现状和趋势分析，对保险行业关注的热点问题和人力资源管理面临的挑战进行研究，对行业优秀的人力资源管理实践进行探讨，并在此基础上结合行业发展趋势提出中国保险行业人力资源发展系数，分层次、分维度地反映保险行业人力资源的发展动态。本次调研共收集到保险行业从业者调查问卷超过 21 万份，保险机构调研问卷 120 余份，组织专题访谈 5 次，集数据分析、实践案例和趋势分析于一体，本书既是对过去行业实践成果的总结，也期望能为未来实践提供一定的指引，为全行业人力资源管理策略和实践提供真实、有效的数据借鉴和参考。

国以才立、政以才治、业以才兴！希望本书能助力中国保险业人力效能提升，帮助全行业更好地开展人力资源工作，促进人才高质量发展！

目 录

第1章　　概　　述

第1.1节 概要说明

1.1.1 编写背景

近五年来，中国保险行业正逐步经历从规模增长到价值成长的过程，保险机构经营管理模式不断优化，服务经济社会发展能力显著增强。

2014年，保险行业保费收入突破2万亿元大关，总资产突破10万亿元大关，同比增速17.5%。业务结构调整走向深入，与实体经济联系紧密的保险同比增长66.1%，与民生保障关系密切的年金保险同比增长77.2%，保障性较强的健康保险同比增长41.3%，10年期以上新单期缴占比同比提高5.9%[①]。2014年8月，国务院发布了《关于加快发展现代保险服务业的若干意见》。该意见顺应人民群众的新期待，着眼于服务国家治理体系和治理能力现代化，对新时期保险业改革、发展和监管进行了全面部署，提出了加快建设世界保险强国的战略目标和系统性支持政策。

2015年，保险行业实现保费收入2.4万亿元，以20%的同比增速创下了自2008年以来的最高纪录，并且一跃成为全球第三大保险市场。业务结构不断优化，寿险新单期缴业务同比增长41.3%，其中长期期缴业务同比增长16.8%，业务内含价值不断提高；责任保险、农业保险、健康保险快速增长，增速分别为19.2%、15.1%、51.9%[②]。

2016年，保险行业实现保费收入3.1万亿元，同比增速27.5%，保险市场保持强劲增长势头，助实体、惠民生能力明显提升。保障属性较强的普通寿险、健康险分别实现了55.34%和67.71%的增速，与国计民生密切相关的农业保险、责任保险保持良好发展势头，保费收入分别增长11.42%和20.04%[③]。2016年8月，中国保监会[④]发布《中国保险业发展"十三五"规划纲要》（以下简称《纲要》），《纲要》明确了"十三五"时期我国保险业的指导思想、发展目标、重点任务和政策措施，是

---

①②③ 资料来源：中国银保监会统计数据。
④ 本书对于2018年3月国务院机构改革前的还称为保监会，对于2018年3月以后的称为银保监会。

"十三五"时期保险业科学发展的重要蓝图，对保险业深化改革和服务国家发展战略提出了很高的要求。2016 年，在险资举牌引发争议的背景下，保监会提出要全面落实"保险业姓保、保监会姓监"的要求，正确把握保险业的定位和发展方向。

2017 年，保险行业实现保费收入 3.66 万亿元，同比增速 18.2%。业务结构持续调整，行业转型成效初显，普通寿险规模保费占人身险业务比重 47.2%，较上年提升 11.1 个百分点，非车险业务同比增长 24.21%，高于车险增速 14.17 个百分点，占比 28.65%，同比上升 2.41 个百分点。2017 年保险业监管力度持续加强，4 月出台的"1 + 4"系列文件标志着我国保险行业新一轮防范风险、加强监管、规范市场的开始。《关于规范人身保险公司产品开发设计行为的通知》与《偿二代二期工程建设方案》的正式发布，更是进一步加大了保险业供给侧结构性改革的力度。

随着"保险姓保"定位逐步明确以及一系列监管文件出台，2018 年保险行业正式进入转型期。2018 年，保险行业共实现原保费收入 3.8 万亿元，同比增速 3.92%；赔付和给付支出 1.2 万亿元，同比增长 9.99%；保险行业总资产 18.3 万亿元，较年初增长 9.97%。保险行业发展速度 2018 年首次放缓，其中 2018 年寿险业务共实现原保费收入 2.07 万亿元，同比下降 3.42%，为近五年来首次负增长；2018 年财产保险原保费收入 1.08 万亿元，同比增速 9.51%，但增速低于过去四年平均增速的 12%。[①]

2019 年保险业全年累计原保费收入 4.26 万亿元，同比增长 12.1%；其中财产险行业原保费收入 1.16 万亿元，同比增长 8.1%；人身险行业原保费收入 3.1 万亿元，同比增长 13.7%。伴随投资市场逐渐回暖，保险业总资产同比增长 12.18%，为 20.56 亿元。面对"保险姓保"价值要求和保费增长的市场变化，保险公司面临着公司战略和产品结构转型。随着保险市场人口红利和制度红利效果的逐渐衰减，保险营销员增员难度加大。自 2014 年"保代考试"以来，中国营销员总人数按大约 20% 的年复合增长率实现快速增长，但是从 2019 年开始营销员总人数增速明显放缓，营销员行业内部流动大于新增发展人数。人身险公司银保渠道继续推进价值转型，银保渠道期交产品占比不断提升。个险渠道在以往"大进大出要队伍人数"的环境下推进内部优化提升，通过优化内勤人员配置和完善营销员培训体系等一系列措施提升队伍质量，向管理机制要效能。截至 2019 年底，中国市场新车销量连

---

① 资料来源：中国银保监会统计数据。

续17个月下降，同比降幅约为9%。由于车险规模下降且2019年整体费用投入上升，保险公司综合成本不断提高，行业整体综合成本率约为101.6%。由于车险发展对净利润形成较大压力，各公司纷纷拥抱非车险，非车险市场中专业互联网保险公司竞争优势明显，根据中国保险行业协会发布的《2014～2019互联网财险市场分析报告》中众安、泰康在线、易安保险、安心财险四家专业互联网保险公司均位列互联网非车险保费收入前十名，合计保费收入约81亿元，占互联网非车险市场的35%，但互联网车险销售在2019年首次负增长。保险科技的发展推动业务流程和内容的变革，从销售到运营等关键岗位都已经有不同程度的应用，不同的岗位都需要适应全新的工作内容和工作方式。

为深入了解保险市场及人力资源管理环境的变化，进一步提升保险行业人力资源的管理水平，为中国保险市场建设与"十四五"战略规划相匹配的人力资源管理机制，中国保险行业协会组织开展了《2020年中国保险行业人力资源报告》的编撰工作。2020年是本书编撰发行的第六年，本书充分结合保险行业整体在调整阵痛期后的业务结构优化和行业发展趋势，同时充分关注人力资源的相关政策和实践的行业变化。2020年的报告调研方式主要包括问卷调研、个案调研和访谈调研，希望通过各个主题的研究能够具有代表性地反映保险行业的变化。依托丰富全面的数据分析、典型案例解析和部分代表性公司访谈等方式，力争在保证数据真实全面的基础上，对保险行业的未来发展起到一定的探索意义。

1.1.2 主要内容及特点

《2020年中国保险行业人力资源报告》全书内容分为5章。

第1章是调研报告概述，包括编写背景、主要内容及特点、研究意义、参与调研公司和参与调研从业者情况，并对相关定义和概念进行了解释说明。

第2章讨论了中国保险行业的发展动态，包括2019年中国保险行业总体发展情况和地区发展特点等动态热点。

第3章和第4章主要反映了2019年中国保险行业人力资源发展现状。以调研报告编写组所收集的2019年一手调研数据为基础，主要包括中国保险行业人力资源发展指数、保险公司员工结构、岗位体系、人才供给、人才流动、薪酬管理与中长期激励、绩效管理、人力成本与效能、员工开发、从业者文化驱动力与价值观、营销员（含代理人）调研等 11 个方面的数据分析及案例研究。

第 5 章介绍了中国保险行业人力资源管理趋势调研情况，充分结合行业关注热点，展示行业人力资源发展现状和趋势，主要包括疫情对人力资源的管控模式、员工支持、学习发展、人才获取、员工队伍留存和薪酬激励政策调整等方面的影响及其优化手段，分享行业当下的应对措施和动态调整。

总体来说，2020 年报告秉承前五年报告的主体结构，与保险行业总体业务及政策相结合，综合展现保险公司和保险行业从业者的人力资源现状，并在数据口径维度、行业热点关注度、样本数量与质量等三个方面持续有所改进。

2020 年报告充分听取会员单位针对上一年报告的各项反馈，对不同模块内的关键人力资源政策、核心业务指标、典型考核指标和激励工具等各方面都进行了更新和补充。同时对于部分相似年份之间变化不大的指标进行了精简，对于人力资源从业者关注的相关政策和指标进行了进一步细化，希望在保险行业人力资源从业者的实际日常工作中能够起到参考和借鉴作用。

另外，报告充分考虑自 2019 年末开始的新冠肺炎疫情对于保险业务的冲击，就疫情影响下人力资源各项制度的影响程度、疫情影响下的政策具体优化方向以及保险从业者的相关应对措施入手，进行了全面而深入的调研。希望在疫情影响导致保险行业核心人才面临更大的管理挑战的情形下，就人才的选用留育分别调研先进做法，为迈进"十四五"提供数据和政策参考支持。

2020 年报告在样本数据的数量和质量上也有所改进，夯实了调研基础。2020 年参与人力资源问卷调研的保险公司共计 107 家。参与从业者问卷调研的人数由 2019 年的 148386 名增长到 213004 名，覆盖了来自不同类型公司、专业序列、年龄、学历的从业者。

1.1.3 研究意义

由中国保险行业协会主持的中国保险行业人力资源调研，追踪行业动态和热点，对行业人力资源现状进行全方位摸底，以最权威的数据分析为行业人才发展提供数据洞察和管理借鉴。报告自发布以来，诸多读者都表示报告数据与分析内容具有值得肯定的借鉴意义。《2020 年中国保险行业人力资源报告》在延续过去大量的一手数据、成功实践案例等特点的基础上，加入保险行业实地调研中人力资源工作者反馈的人力资源管理难题和对于疫情影响下保险行业人力资源管理的思考，从而为各公司、研究机构、从业人员和关心保险行业的群体提供参考。

对于各保险公司和研究机构而言，2020 年报告不仅描述了当前保险行业人力资源管理的现状和未来趋势，同时可以为人力资源管理者提供具有市场意义的对标数据和热门人才的管理实践，为保险行业人力资源从业者探究保险行业人力资源发展的趋势和规律提供参考。

对于保险行业的从业人员而言，2020 年报告既展示了行业发展动态与人力资源的整体情况，也反映了当今保险行业正在关心的热门话题和核心人才的概况，在帮助从业人员了解行业趋势与人才需求、开阔宏观视野的同时，明确自身职业定位，积极规划职业生涯发展，实现自我价值的提升。

对于其他关心保险行业的群体，报告提供了保险行业的人才储备与需求总览，希望进入保险行业的人员可以针对目前稀缺的关键岗位以及员工流动、薪酬等情况，主动学习和积累技能，获取职业优势，作出更合理的选择。同时，报告所展现的保险行业良好发展态势也使保险行业树立了积极的行业形象与品牌影响力。

第 1.2 节 数据来源

1.2.1 保险机构访谈调研

参与人力资源管理者及专业部门管理者访谈和座谈的 5 家公司分别是：阳光保险集团股份有限公司、中国人寿保险股份有限公司、泰康人寿保险有限责任公司、中信保诚人寿保险有限公司、中美联泰大都会人寿保险有限公司。

其中，阳光保险集团股份有限公司作为人才培训计划的代表；中国人寿保险股份有限公司作为组织架构调整的代表；泰康人寿保险有限责任公司作为应届生培养计划的代表；中信保诚人寿保险有限公司作为营销员招聘培训的代表；中美联泰大都会人寿保险有限公司作为员工职业生涯规划发展的代表。

1.2.2 保险机构问卷调研

2020 年参与人力资源问卷调研的保险公司 107 家，地方保险协会 14 家。2020 年参与人力资源问卷调研的保险公司详见表 1 – 1。

表 1 – 1　　　　　　2020 年中国保险行业人力资源问卷参与公司名单

单位名称	单位简称	单位类别
爱和谊日生同和财产保险（中国）有限公司	爱和谊日生同和（中国）	财产险
安诚财产保险股份有限公司	安诚财险	财产险
安达保险有限公司	安达保险	财产险
安华农业保险股份有限公司	安华农险	农业险
渤海财产保险股份有限公司	渤海财险	财产险
东海航运保险股份有限公司	东海航运	财产险
东京海上日动火灾保险（中国）有限公司	东京海上日动（中国）	财产险
富邦财产保险有限公司	富邦财险	财产险
富德财产保险股份有限公司	富德产险	财产险
国任财产保险股份有限公司	国任保险	财产险
国泰财产保险有限责任公司	国泰产险	财产险
海峡金桥财产保险股份有限公司	海峡保险	财产险
华安财产保险股份有限公司	华安保险	财产险
华海财产保险股份有限公司	华海财险	财产险
华泰财产保险有限公司	华泰财险	财产险
黄河财产保险股份有限公司	黄河财险	财产险
利宝保险有限公司	利宝保险	财产险
美亚财产保险有限公司	美亚保险	财产险
中国平安财产保险股份有限公司	平安产险	财产险
中国人民财产保险股份有限公司	人保财险	财产险
日本财产保险（中国）有限公司	日本财险（中国）	财产险
三井住友海上火灾保险（中国）有限公司	三井住友海上（中国）	财产险
三星财产保险（中国）有限公司	三星财险	财产险
苏黎世财产保险（中国）有限公司	苏黎世保险（中国）	财产险
中国太平洋财产保险股份有限公司	太保产险	财产险
太平科技保险股份有限公司	太平科技保险	财产险
泰山财产保险股份有限公司	泰山保险	财产险
新疆前海联合财产保险股份有限公司	前海财险	财产险
鑫安汽车保险股份有限公司	鑫安保险	财产险
阳光农业相互保险公司	阳光农险	农业险
英大泰和财产保险股份有限公司	英大财险	财产险

续表

单位名称	单位简称	单位类别
长安责任保险股份有限公司	长安责任保险	责任险
浙商财产保险股份有限公司	浙商保险	财产险
中航安盟财产保险有限公司	中航安盟	财产险
中原农业保险股份有限公司	中原农险	农业险
众诚汽车保险股份有限公司	众诚保险	财产险
百年人寿保险股份有限公司	百年人寿	人身险
北大方正人寿保险有限公司	北大方正人寿	人身险
北京人寿保险股份有限公司	北京人寿	人身险
渤海人寿保险股份有限公司	渤海人寿	人身险
大家人寿保险股份有限公司	大家人寿	人身险
大家养老保险股份有限公司	大家养老	人身险
东吴人寿保险股份有限公司	东吴人寿	人身险
复星联合健康保险股份有限公司	复星联合健康	健康险
富德生命人寿保险股份有限公司	富德生命人寿	人身险
工银安盛人寿保险有限公司	工银安盛人寿	人身险
光大永明人寿保险有限公司	光大永明人寿	人身险
国宝人寿保险股份有限公司	国宝人寿	人身险
国华人寿保险股份有限公司	国华人寿	人身险
恒安标准人寿保险有限公司	恒安标准人寿	人身险
恒大人寿保险有限公司	恒大人寿	人身险
合众人寿保险股份有限公司	合众人寿	人身险
横琴人寿保险有限公司	横琴人寿	人身险
华泰人寿保险股份有限公司	华泰人寿	人身险
汇丰人寿保险有限公司	汇丰人寿	人身险
交银康联人寿保险有限公司	交银康联人寿	人身险
君康人寿保险股份有限公司	君康人寿	人身险
利安人寿保险股份有限公司	利安人寿	人身险
陆家嘴国泰人寿保险有限责任公司	陆家嘴国泰人寿	人身险
民生人寿保险股份有限公司	民生保险	人身险
平安健康保险股份有限公司	平安健康	健康险
中国平安人寿保险股份有限公司	平安人寿	人身险

续表

单位名称	单位简称	单位类别
中国人民健康保险股份有限公司	人保健康	健康险
瑞泰人寿保险有限公司	瑞泰人寿	人身险
三峡人寿保险股份有限公司	三峡人寿	人身险
太保安联健康保险股份有限公司	太保安联健康险	健康险
中国太平洋人寿保险股份有限公司	太保寿险	人身险
太平养老保险股份有限公司	太平养老	养老险
泰康养老保险股份有限公司	泰康养老	养老险
天安人寿保险股份有限公司	天安人寿	人身险
同方全球人寿保险有限公司	同方全球人寿	人身险
新华人寿保险股份有限公司	新华保险	人身险
信美人寿相互保险社	信美相互	人寿相互保险
信泰人寿保险股份有限公司	信泰人寿	人身险
阳光人寿保险股份有限公司	阳光人寿	人身险
英大泰和人寿保险股份有限公司	英大人寿	人身险
友邦保险有限公司上海分公司	友邦保险	人身险
中国人寿保险股份有限公司	国寿寿险	人身险
中韩人寿保险有限公司	中韩人寿	人身险
中荷人寿保险有限公司	中荷人寿	人身险
中华联合人寿保险股份有限公司	中华人寿	人身险
中融人寿保险股份有限公司	中融人寿	人身险
中意人寿保险有限公司	中意人寿	人身险
中英人寿保险有限公司	中英人寿	人身险
珠江人寿保险股份有限公司	珠江人寿	人身险
中国人寿保险（集团）公司	国寿集团	集团
大家保险集团有限责任公司	大家集团	集团
中国太平保险集团有限责任公司	太平集团	集团
华泰保险集团股份有限公司	华泰集团	集团
泰康保险集团股份有限公司	泰康集团	集团
富德保险控股股份有限公司	富德保险控股	控股
华泰资产管理有限公司	华泰资产	资产管理
中国人保资产管理有限公司	人保资产	资产管理

续表

单位名称	单位简称	单位类别
生命保险资产管理有限公司	生命资产	资产管理
太平资产管理有限公司	太平资产	资产管理
泰康资产管理有限责任公司	泰康资产	资产管理
RGA 美国再保险公司上海分公司	RGA 美国再保险上分	再保险
人保再保险股份有限公司	人保再保险	再保险
太平再保险（中国）有限公司	太平再(中国)	再保险
信利再保险（中国）有限公司	信利再保险	再保险
中国财产再保险有限责任公司	中再产险	再保险
中国人寿再保险有限责任公司	中再寿险	再保险
安盛天平财产保险股份有限公司	安盛天平	财产险
诚泰财产保险股份有限公司	诚泰保险	财产险
永诚财产保险股份有限公司	永诚保险	财产险
中银保险有限公司	中银保险	财产险
太平财产保险有限公司	太平财险	财产险
广西保险行业协会	广西保协	地方协会
安徽省保险行业协会	安徽保协	地方协会
福建省保险行业协会	福建保协	地方协会
广东省保险行业协会	广东保协	地方协会
重庆市保险行业协会	重庆保协	地方协会
海南省保险行业协会	海南保协	地方协会
黑龙江省保险行业协会	黑龙江保协	地方协会
陕西省保险行业协会	陕西保协	地方协会
大连市保险行业协会	大连保协	地方协会
山东省保险行业协会	山东保协	地方协会
山西省保险行业协会	山西保协	地方协会
上海市保险同业公会	上海保险同业公会	地方协会
内蒙古自治区保险行业协会	内蒙古保协	地方协会
云南省保险行业协会	云南保协	地方协会

调研数据采用 121 家具有独立法人地位的样本公司为基础。样本公司中财产险有 37 家，占比为 30.6%；地方协会有 14 家，占比为 11.6%；集团有 5 家，占比

为 4.1%；健康险有 4 家，占比为 3.3%；控股有 1 家，占比为 0.8%；农业险有 3 家，占比为 2.5%；人身险有 42 家，占比为 34.7%；人寿相互保险有 1 家，占比为 0.8%；养老险有 2 家，占比为 1.7%；再保险有 6 家，占比为 5.0%；责任险有 1 家，占比为 0.8%；资产管理有 5 家，占比为 4.1%。样本公司经营险种占比具体情况详见图 1－1。

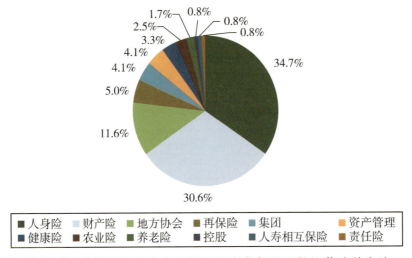

图 1－1　中国保险行业人力资源问卷参与公司数经营险种占比

按投资者性质区分，样本公司中包含中资保险公司 68 家，占比为 63.6%；合资保险公司 24 家，占比为 22.4%；外资保险公司 15 家，占比为 14.0%。样本公司投资者性质占比情况详见图 1－2。

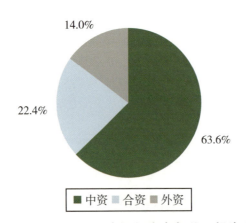

图 1－2　中国保险行业人力资源问卷参与公司投资者性质占比

行业内将人身险公司及财产险公司按一定标准划分为大型公司和中小型公司，本次调研在关于公司规模的划分中也沿用此分类。人身险公司依据中国保险行业协会发布的《2016 中小寿险公司发展研究报告》划分的大公司与中小型公司名单为标准，7 家大型人身险公司分别为国寿寿险、平安人寿、太保寿险、新华保险、人保寿险、太平人寿、泰康人寿，其余为中小型人身险公司。[1] 财产险公司依据中国保险行业协会发布的《2015 国内中小财产保险公司发展问题研究报告》提及的 100 亿元保费规模为划分标准，11 家大型财产险公司分别为人保财险、平安产险、太保产险、国寿财险、中华财险、大地保险、阳光产险、太平财险、中国信保、天安财险、华安保险，其余为中小型财产险公司。[2]

基于此标准，7 家大型人身险公司中有 4 家参与此次问卷调研，11 家大型财产险公司共有 5 家参与此次问卷调研。参与本次调研的大型公司名单详见表 1-2。

表 1-2　　　　　　　中国保险行业人力资源问卷参与大型公司名单

大型人身险公司	中国人寿保险股份有限公司
	中国太平洋人寿保险股份有限公司
	新华人寿保险股份有限公司
	中国平安人寿股份有限公司
大型财产险公司	中国人民财产保险股份有限公司
	中国平安财产保险股份有限公司
	中国太平洋财产保险股份有限公司
	太平财产保险有限公司
	华安财产保险股份有限公司

1.2.3　保险从业者问卷调研

保险行业从业者问卷调研由中国保险行业协会推动，通过各保险公司、中国保险网络大学微信公众号、中国保险网络大学官方网站等多个渠道进行投放，共计

---

① 中国保险行业协会 . 2016 中小寿险公司发展研究报告 ［M］. 北京：中国财政经济出版社，2015.
② 中国保险行业协会 . 2015 国内中小财产保险公司发展问题研究报告 ［M］. 北京：中国金融出版社，2015.

213004 名保险行业从业者完成了在线填写反馈。

按照从业者所属公司区分①，中国人民财产保险股份有限公司有 52929 人，中国平安人寿保险股份有限公司有 20180 人，中国太平洋人寿保险股份有限公司有 16111 人，中国平安财产保险股份有限公司有 12156 人，中国大地财产保险股份有限公司有 12081 人，中国人寿保险股份有限公司有 8045 人，中国太平洋财产保险股份有限公司有 7646 人，阳光财产保险股份有限公司有 6660 人，太平财产保险有限公司有 5895 人，富德生命人寿保险股份有限公司有 5478 人，中国人寿保险股份有限公司有 5361 人，中荷人寿保险有限公司有 4097 人，中国人民人寿保险股份有限公司有 3805 人，东吴人寿保险股份有限公司有 3274 人，民生人寿保险股份有限公司有 3207 人，建信人寿保险股份有限公司有 2776 人，合众人寿保险股份有限公司有 2403 人，中国人民健康保险股份有限公司有 2284 人，浙商财产保险股份有限公司有 1990 人，国华人寿保险股份有限公司有 1990 人，信泰人寿保险股份有限公司有 1963 人，渤海财产保险股份有限公司有 1724 人，泰山财产保险股份有限公司有 1604 人，恒大人寿保险有限公司有 1533 人，华安财产保险股份有限公司有 1480 人，中意人寿保险有限公司有 1294 人，中国人民健康保险股份有限公司有 1153 人，光大永明人寿保险有限公司有 1151 人，中银保险有限公司有 1130 人，国华人寿保险股份有限公司有 1054 人，太平养老保险股份有限公司有 1019 人，横琴人寿保险有限公司有 952 人，百年人寿保险股份有限公司有 945 人，富德保险控股股份有限公司有 870 人，招商局仁和人寿保险股份有限公司有 855 人，中国平安保险（集团）股份有限公司有 853 人，北大方正人寿保险有限公司有 721 人，光大永明人寿保险有限公司有 1151 人，阳光农业相互保险公司有 594 人，恒安标准人寿保险有限公司有 592 人，众诚汽车保险股份有限公司有 572 人，工银安盛人寿保险有限公司有 570 人，友邦保险有限公司有 521 人，新疆前海联合财产保险股份有限公司有 512 人，诚泰保险财产有限公司有 449 人，华贵人寿保险股份有限公司有 435 人，三星财产保险（中国）有限公司有 401 人，泰康人寿保险股份有限公司有 385 人，中航安盟财产保险有限公司有 328 人，中融人寿保险股份有限公司有 293 人，珠江人寿保险股份有限公司有 280 人，国富人寿保险股份有限公司有 269 人，大童保险销售服务有限公司有 238 人，瑞泰人寿保险有限公司有 221 人，利宝保险有限

---

① 基于参与问卷调研的从业者填报数据进行统计。

公司有 201 人，太保安联健康保险股份有限公司有 197 人，诚泰财产险股份有限公司有 196 人，富德财产保险股份有限公司有 179 人，君龙人寿保险有限公司有 175人，中韩人寿保险有限公司有 166 人，东京海上日东火灾保险（中国）有限公司有160 人，三井住友（中国）保险中国有限公司有 159 人，海峡金桥财产保险股份有限公司有 149 人，安信农业保险股份有限公司有 117 人，安心财产保险有限责任公司有 115 人，前海保险公估有限公司有 100 人。①。

　　财产险及责任险公司有 109071 人，占比 51.21%；人身险公司有 95074 人，占比 44.63%；健康险公司有 4328 人，占比 2.03%；保险集团或控股公司有 1893人，占比 0.89%；养老保险公司有 1086 人，占比 0.51%；农业保险公司有 826 人，占比 0.39%；中介公司有 563 人，占比 0.26%；相互保险公司有 68 人，保险资管公司有 55 人，其他相关机构有 23 人，互联网保险公司有 9 人，地方协会有 4 人，再保险公司有 3 人，政策型保险公司有 1 人。参与调研的从业者所属单位类别详见图 1-3。

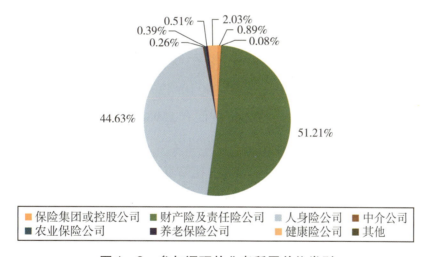

图 1-3 参与调研从业者所属单位类别

　　按从业者所在机构级别区分，参与调研的从业者中一级机构（公司总部）人员为 10058 人，占比为 4.72%；二级机构（省级公司）人员为 40935 人，占比为19.22%；三级机构（市级公司）人员为 95479 人，占比为 44.82%；四级机构

①　其余参与公司的参与人数在 100 人以下不再详细列举。

（县级公司）人员为 66532 人，占比为 31.24％；参与调研的从业者所属机构级别详见图 1－4。

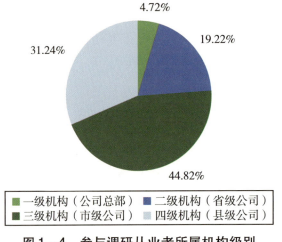

图 1－4　参与调研从业者所属机构级别

　　按从业者所在岗位区分，参与调研的从业者中包括销售（含代理）人员 107015 人，占比为 50.2％。在非销售人群的 105989 人中，客户服务有 27791 人，占比 25.01％；其他有 20702 人，占比 18.63％；中层管理者有 16531 人，占比 14.88％；办公行政管理有 11573 人，占比 10.42％；财务管理有 7601 人，占比 6.84％；核赔有 7414 人，占比 6.67％；核保有 5598 人，占比 5.04％；教育培训有 5579 人，占比 5.02％；人力资源管理有 4923 人，占比 4.43％；合规管理有 4226 人，占比 3.8％；电话中心有 3024 人，占比 2.72％；风险管理有 2740 人，占比 2.47％；风险管理有 2058 人，占比 1.85％；高层管理者有 1922 人，占比 1.73％；信息技术运维有 1550 人，占比 1.39％；品牌宣传有 1459 人，占比 1.31％；核心管理者有 1303 人，占比 1.17％；信息技术开发有 1168 人，占比 1.05％；法律事务有 1074 人，占比 0.97％；再保险有 868 人，占比 0.78％；战略规划有 858 人，占比 0.77％；稽核内审有 752 人，占比 0.68％；精算（含产品、研发）有 557 人，占比 0.50％；投资管理有 436 人，占比 0.39％；董事会办公室有 72 人，占比 0.06％；监事会办公室有 35 人，占比 0.03％；参与调研的从业者所属专业岗位详见图 1－5。

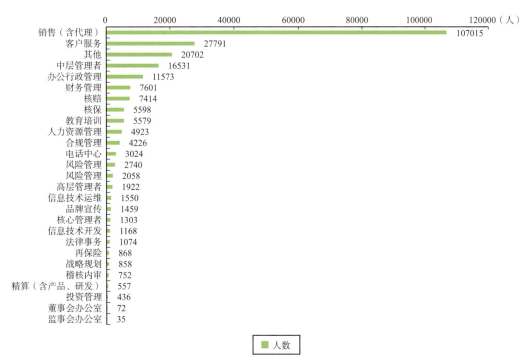

图 1-5 参与调研从业者所属专业岗位

按从业者工作年限区分，参与调研的从业者中包括工作年限小于 1 年人员为 18986 人，占比为 8.91%；工作年限 1～3 年人员 42258 人，占比为 19.84%；工作年限 3～5 年人员 36500 人，占比为 17.14%；工作年限 5～10 年人员 50950 人，占比为 23.92%；工作年限 10 年以上人员 64310 人，占比为 30.19%；参与调研的从业者的工作年限详见图 1-6。

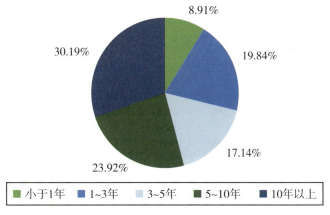

图 1-6 参与调研从业者的工作年限

按签订的合同类型区分，参与调研的从业者中签订各类劳动合同的有 210818 人，占参与调研总人数的比例为 98.97%。其中签订销售代理合同的有 50429 人，占 23.67%；签订劳务派遣合同的有 17211 人，占比为 8.08%。没有签订合同的有 2186 人，占比为 1.03%；与去年同期相比，回收样本数量增加，没有签订合同的样本数量增加，表明行业合同签订规范性有所降低。参与调研的从业者合同类型详见图 1－7。

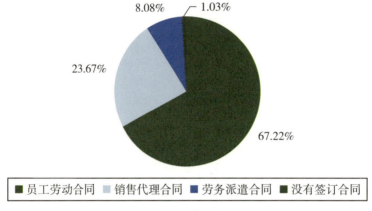

图 1－7　参与调研从业者的合同类型

按年龄段区分，参与调研保险公司员工年龄段分布中，30 岁及以下的占比 26.87%，31～40 岁的占比 45.17%，41～50 岁的占比 21.72%，51～60 岁的占比 5.93%，60 岁以上的占比 0.31%。

参与调研从业者的年龄结构详见图 1－8。

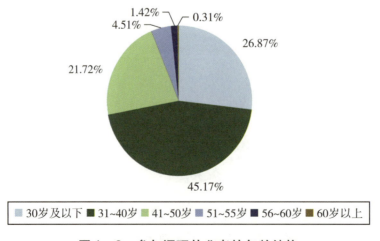

图 1－8　参与调研从业者的年龄结构

按学历水平区分，高中以下有 3674 人，占比 1.72%；高中有 20121 人，占比 9.45%；中专有 10396 人，占比 4.88%；大专有 61547 人，占比 28.89%；本科有 110568 人，占比 51.92%；硕士研究生有 6500 人，占比 3.05%；博士研究生有 198 人，占比 0.09%。参与调研从业者的学历结构详见图 1−9。

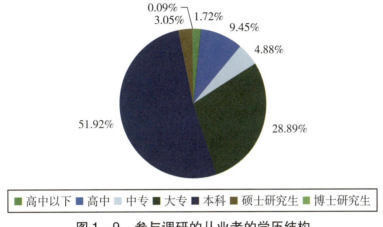

图 1−9　参与调研的从业者的学历结构

1.2.4　数据统计口径

1.2.4.1　公司规模划分

行业内将人身险公司及财产险公司按保费规模划分为大型公司和中小型公司，本次调研也沿用此标准划分公司规模。人身险公司依据中国保险行业协会发布的《2016 中小寿险公司发展研究报告》划分的大公司与中小型公司名单为标准，有 7 家为大型人身险公司，分别是国寿寿险、平安人寿、太保寿险、新华保险、人保寿险、太平人寿、泰康人寿，其余为中小型人身险。[1] 财产险公司依据中国保险行业协会 2015 年发布的《2015 国内中小财产保险公司发展问题研究报告》提及的保费规模 100 亿元为划分标准，有 11 家为大型财产险公司，分别是人保财险、平安产险、太保产险、国寿财险、中华财险、大地保险、阳光产险、太平财险、中国信保、天安财险、华安保险，其余为中小型财产险公司[2]。

---

[1]　中国保险行业协会. 2016 中小寿险公司发展研究报告 ［M］. 北京：中国财政经济出版社，2015.

[2]　中国保险行业协会. 2015 国内中小财产保险公司发展问题研究报告 ［M］. 北京：中国金融出版社，2015.

1.2.4.2　各层级机构定义

一级机构指公司总部，二级机构指省级及同级别机构，三级机构指市级及同级别机构，四级机构指县级及同级别机构，其他机构指乡级及以下机构。

1.2.4.3　公司前中后台划分

前台（业务类）：各渠道销售及管理、市场及营销、区域开发拓展、各类产品线或（准）事业部等。

中台（运营类）：客户管理及服务、信息技术、运营管理及运营中心、产品研发及精算、核保核赔、资产管理及资金运用等。

后台（职能类）：战略企划、办公室、宣传、行政及后勤、财务、人力资源及培训、党群、风险管理、内控合规、法律、稽核监察、内审等。

1.2.4.4　各类管理者定义

管理者划分为核心层管理者、高层管理者、中层管理者和基层管理者 4 个级别。各类管理者定义详见表 1 - 3。

表 1 - 3　　　　　　　　各类管理者的定义

机构	核心层管理者	高层管理者	中层管理者	基层管理者
公司总部	指公司总部含公司董事长、总经理、副总经理、总经理助理等在内的班子成员以及业务总监、总精算师等（相应职级）	部门主要负责人（部门正职、部门副职主持工作）及部门副职、助理职员（相应职级）	其他管理者	—
二级机构	—	二级机构的主要负责人（总经理及副总经理主持工作）、副总经理、总经理助理在内的分公司班子成员（相应职级）	部门主要负责人（部门正职、部门副职主持工作）、部门副职、助理职员（相应职级）	其他管理者
三级机构	—	—	三级机构的主要负责人（总经理及副总经理主持工作）、副总经理、总经理助理（相应职级）	其他管理者
四级机构	—	—	—	四级机构所有管理者

1.2.4.5　职级定义

将公司为员工设计的职业发展路径由初级到高级分为 L1、L2、L3、L4、L5、L6，以此口径调研行业内不同专业序列不同职级的人员分布、平均晋升年限等内容。不同职级的划分及其角色定位详见表1-4。

表1-4　　　　　　　　　　　不同职级的划分及其角色定位

职级划分	L1	L2	L3	L4	L5	L6
	辅助工作者	独立工作者	业务骨干/基层管理者	核心模块的负责人/团队管理者/处室管理者/中层管理者	专业业务带头人/部门管理者/高层管理者	领域卓越专家/核心层管理者
角色定位	在高层级员工的指导下开展工作；或独立承担技能要求相对简单的日常任务	在明确的流程下，独立完成有一定专业知识和技能要求的工作；指导低层级的成员开展相关职能模块的工作	应用该领域的专业知识和技能，独立完成多个模块较为复杂的工作；指导和培训低层级的成员相关领域的工作，并提出改进建议	系统地运用该领域的知识和技能，规划设计工作方案，对所负责模块提出建设性的改进意见；熟悉地指导、培训和监督更低层级成员相关职能模块的工作	系统地应用该领域的知识和技能，处理富有突发性、挑战性的工作，对所负责的多个模块提出建设性的改进意见，不断进行优化和调整	在相关领域具有专业影响力和权威性；基于企业战略和行业趋势，提出战略规划及配套核心政策和制度，推动创新与变革

1.2.4.6　薪酬构成

年度总薪酬包括基本薪酬、绩效薪酬、法定福利、公司福利和中长期激励。

其中法定福利包括社保、公积金和法定津贴补贴（归属于公司支付给员工薪酬）；公司福利包括补充津贴补贴、弹性福利和各类补充福利；补充福利包括企业年金、补充养老和补充医疗等。

1.2.4.7　调薪类型

调薪包括普通调薪、业绩调薪、晋升调薪、特殊调薪等方式。

普通调薪是指公司由于外部宏观经济环境影响或公司薪酬水平市场竞争力不足等原因，周期性对全体员工的薪酬检视与调整。

业绩调薪是指依据员工的绩效结果应用而进行的差异化的薪酬调整。

晋升调薪是指员工职务或职级发生变化，按照晋升后对应的标准付薪而进行的薪酬调整。

特殊调薪是指由于人才市场竞争情况变化、薪酬管理政策变化、薪酬监管要求变化等特殊原因，针对特定人员或机构进行的薪酬调整。

调薪率等于各项薪酬调整口径当年度调薪成本总额占上一年度薪酬成本总额的占比。

1.2.4.8 代理营销员相关概念

代理营销员月均总人数 = (1 月人数 + 2 月人数 + … + 11 月人数 + 12 月人数)/12

代理营销员年人均保费收入 = 代理营销员渠道年保费总收入/代理营销员月均总人数

1.2.4.9 员工总人数相关概念

公司员工总人数以与公司签订劳动合同的人员总人数为准，公司当年度员工总人数为年初人数和年末人数的平均值。

第1.3节 保险行业专业名词

本书涉及保险行业的专业名词可能有：

保险密度：按照一国的人口计算的人均保费收入，它反映了一个国家保险的普及程度和保险业的发展水平。一般来说，保险密度越大，表明该地区保险业越发达，市场发育水平越高。一个地区的保险业发展和保险密度是其经济、社会、文化等诸多因素共同作用的结果。

保险深度：保费收入占国内生产总值（GDP）的占比，它反映一个国家的保险业在整个国民经济中的地位。

标准保费：将报告期内不同类别的新业务按对寿险公司利润或价值的贡献度大小设置一定系数进行折算后加总形成的保费收入。标准保费 = 规模保费 × 折标系数。折标系数根据险种以及交费年限各有不同，交费年限低则折标系数低，交费年限高则折标系数高，交费年限若达到一定程度则没有影响。标准保费是由不同类别的业务折算后具有的相同价值标准，它能比保费收入更客观地反映寿险公司的经营状况或寿险行业的发展状况。

规模保费：保险公司不考虑保险产品的种类和保险单的分类，将所有保险产品的实际销售收入之和进行统计形成保费总量。对人身险公司而言，其规模保费一般指原保费收入、保户投资款新增交费、投连险独立账户新增交费三项的合计。

新单首年保费收入：保险销售后本期内第一年度保费，包括新单保费和首年续期保费两部分。

第 2 章　　中国保险行业发展动态

本章节主要介绍了 2019 年中国保险行业总体发展情况、地区发展特点、主要保险公司排名、监管动态和改革热点。

第 2.1 节　行业总体发展概况

2.1.1　行业规模增速放缓

2019 年中国保险业发展进入深化改革期，全国保险业原保险保费收入 42645 亿元，同比增长 12.17%，对比 2018 年 3.92% 的增幅，2019 年保险业增速显著回升。2020 年保费规模达 45257 亿元，增速有所放缓。2013～2020 年原保费收入与增幅详见图 2–1。

图 2–1　2013～2020 年原保费收入与增幅

资料来源：http://www.cbirc.gov.cn/cn/view/pages/index/index.html。

从分月度保费收入来看，首月保费收入受年初投保热潮影响，单月原保费收入达 8500 亿元，同比升高 24.05%。自 2019 年 4 月起保费收入逐月趋于平稳，全年月度平均保费收入为 3168.05 亿元，同比增长 12.12%，增速较上年增加 8.20%。2019 年月度原保费收入及月度同比增速详见图 2–2。

2.1.2　结构深化改革显成果

2019 年，财产险和人身险业务增速表现不一。从财产险业务发展来看，全年原保费收入为 11649 亿元，占全年保费收入的 27.33%，同比增长 8.16%，增速相较上年下降 1.35%，增速连续三年下降。

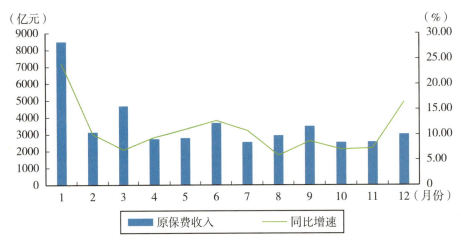

图 2-2　2019 年月度原保费收入及月度同比增速

从人身险业务发展看，全年原保费收入为 30995 亿元，占全年保费收入的 72.27%，同比增长 13.76%，增速相较上年提高 12.89%。其中，寿险业务实现原保费收入 22754 亿元，同比上升 9.80%，增速有所回温；健康险业务实现原保费收入 7066 亿元，同比增长 29.70%，增速较上年仍提高了 5.58%。意外险业务实现原保费收入 1175 亿元，同比增长 9.25%，增速明显回落。2017～2019 年分险种原保费收入情况详见表 2-1。

表 2-1 　　　　　　　　2017～2019 年分险种原保费收入情况

险种	2017 年（亿元）	2018 年（亿元）	2019 年（亿元）	2019/2018 年增速（%）
人身险	26746	27247	30995	13.76
（1）寿险	21456	20723	22754	9.80
（2）健康险	4389	5448	7066	29.70
（3）人身意外伤害保险	901	1076	1175	9.25
财产险	9835	10770	11649	8.16
原保费收入合计	36581	38017	42645	12.17

资料来源：原 http://www.cbirc.gov.cn/cn/view/pages/index/index.html。

2.1.3   全球影响力持续提升

2019 年，全球原保费收入达 62926 亿美元，同比增长 2.9%，较 2018 年提升显著。与国内市场相似的是全球非寿险业务仍然保持稳健增长，寿险业务虽然增长但仍未回升至国际金融危机前的水平。

全球寿险原保费收入达 29162.67 亿美元，同比增长 2.2%，增速明显提升。主要由于新型市场增长复苏（新兴市场 6175.66 亿美元，同比增长 5.6%），中国市场增长更为显著，达到 6.7%，较上一年提升 12.1%。

全球非寿险原保费收入达 33763.33 亿美元，同比增长 3.5%，增速降低 0.2%。与往年不同的是，非寿险增速有所放缓，其中亚太市场（7.6%）与新兴市场（7.7%）增速较快，其中亚洲新兴市场增速最为突出（3114.19 亿美元，同比增长 10.8%），但除去中国亚洲新兴市场增速则降低至 5.8%，中国成为世界非寿险保费增长的重要引擎，2019 年全球保险市场增长情况详见表 2－2。

表 2－2   2019 年全球保险市场增长情况   单位：%

市场分类	寿险	非寿险	总计
全球市场	2.2	3.5	2.9
发达市场	1.3	2.7	2.1
新兴市场	5.6	7.7	6.6
中国市场	6.7	11.8	9

注：此处中国市场数据为瑞士再保险 sigma 研究报告（2020 年第 4 期）根据通货膨胀调整后的增幅。

我国保险市场在 2019 年进入深化改革期，我国是全球增长速度最快的保险市场之一。2019 年，我国的保费收入总额达到 6173.99 亿美元，巩固了全球第二大保险市场的地位。如表 2－3 所示，在保险密度和保险深度方面，我国保险密度为 430 美元/人，与全球平均保险密度 818 美元/人仍有较大差距；我国保险深度为 4.3%，同比上升 0.78%。从长期来看，我国保险业仍将保持稳定发展的态势，而且将进一步稳固并提升在全球保险行业的影响力。近年来，全球保险业重心由发达市场向新兴市场（尤其是亚洲）转移，我国则是全球保险市场重心东移的主要驱动力量。2019 年世界主要国家和地区保险数据比较详见表 2－3。

表 2 - 3　　　　　　　　2019 年世界主要国家和地区保险数据比较

国家和地区	排名	保费收入总额（百万美元）	占全球市场份额（%）	保险深度（%）	保险密度（美元/人）
全球		6292600	100.00	7.23	818
发达市场		5130924	81.54	9.63	4664
美国	1	2460123	39.10	11.43	7495
日本	3	459347	7.30	9.00	3621
英国	4	366243	5.82	10.30	4326
法国	5	262283	4.17	9.21	3719
德国	6	243852	3.88	6.33	2934
意大利	8	167838	2.67	8.33	2764
韩国	7	174520	2.77	10.78	3366
加拿大	9	133157	2.12	7.67	3548
新兴市场		1161675	18.46	3.25	175
新兴市场（不含中国）		544277	8.65	2.51	100
中国	2	617399	9.81	4.30	430
印度	12	106307	1.69	3.46	78
巴西	16	74106	1.18	4.03	351
拉丁美洲和加勒比地区		157146	2.50	3.02	244
非洲地区		68155	1.08	2.78	52

资料来源：瑞士再保险发布的《sigma 研究报告（2020 年第 4 期）》。

第 2.2 节　　地区发展特点

2019 年，我国保险密度为 3046 元/人，较上年增加 322 元/人，较上年同期增量 92 元/人有一定显著提升；保险深度为 4.3%，较上年提升 0.08%。

从地域分布看，东部沿海地区的保险密度整体偏高、中西部省份保险密度偏低的态势与往年调研情况一致，保险密度高于 2000 元/人的地区有 29 个。其中北京市、上海市、深圳市遥遥领先，2019 年保险密度分别为 9623 元/人、7084 元/人、10302 元/人。所有被统计地区保险密度均在 1000 元/人以上。2019 年共 11 个省份保险深度高于全国平均水平，其中甘肃省为 7.09% 稳居榜首；黑龙江位居第二，为 6.7%；北京市位居第三，为 5.86%；2019 年我国各地区保险密度与保险深度情况详见表 2 - 4。

表 2 - 4　　　　　　　2019 年我国各地区保险密度与保险深度情况

地区	保费收入（亿元）	同比增长（%）	保险密度（元/人）	保险深度（%）
深圳市	1384	16.17	10302	5.14
北京市	2072	15.58	9623	5.86
上海市	1717	22.67	7084	4.51
大连市	371	10.72	5300	5.30
厦门市	227	7.68	5285	3.78
青岛市	487	10.78	5124	4.14
江苏省	3750	13.05	4647	3.76
浙江省	2251	15.27	4507	4.47
宁波市	376	17.23	4400	3.14
广东省	4107	18.43	4036	5.09
天津市	618	10.34	3956	4.38
山东省	2751	9.19	3016	4.64
重庆市	916	13.70	2932	3.88
湖北省	1728	17.47	2916	3.77
内蒙古	730	10.66	2874	4.24
宁夏	198	8.12	2846	5.27
黑龙江省	952	5.90	2680	6.70
陕西省	1031	6.52	2660	4.00
福建省	948	8.86	2648	2.60
河北省	1989	11.21	2620	5.67
吉林省	679	7.85	2611	5.79
新疆	654	13.29	2592	4.81
四川省	2147	9.73	2564	4.61
河南省	2431	7.42	2522	4.48
辽宁省	914	7.56	2488	5.32

续表

地区	保费收入 （亿元）	同比增长 （%）	保险密度 （元/人）	保险深度 （%）
山西省	883	7.22	2368	5.19
海南省	203	10.70	2145	3.82
安徽省	1349	11.46	2119	3.64
湖南省	1396	11.24	2018	3.51
江西省	835	10.81	1790	3.37
甘肃省	444	11.36	1678	7.09
青海省	98	12.30	1620	3.32
云南省	742	11.10	1527	3.20
贵州省	489	9.95	1351	2.92
广西	665	5.71	1341	3.13
西藏	37	9.57	1046	2.16

资料来源：《中国保险年鉴 2020》，中国保险年鉴社 2020 年版。

第 2.3 节　保险业监管动态

回归保障的原则对保险公司的产品开发与经营策略产生深远的影响。保险行业正在按照监管要求和市场的发展趋势，规范产品开发设计行为，发挥保险产品保险保障、风险转移、社会治理功能，回归保险本源，防范经营风险。

2.3.1　《互联网保险业务监督办法》将正式实施

2020 年 12 月 14 日，银保监会发布《互联网保险业务监管办法》（以下简称《办法》），自 2021 年 2 月 1 日起开始实施。《办法》共 5 章 83 条，旨在规范互联网保险业务，防范经营风险，保护消费者合法权益，提升保险业服务实体经济和社会民生水平。

本次《办法》开篇先定义了互联网保险业务，《办法》指出，互联网保险业务是保险机构依托互联网订立保险合同、提供保险服务的保险经营活动。条例中所指的保险机构包括保险公司（含相互保险组织和互联网保险公司）和保险中介机构。

对于经营原则，《办法》要求互联网保险业务必须在规定范围内从事保险业务活动，并且银保监会可根据互联网保险业务发展阶段、不同保险产品的服务保障需要，规定保险机构通过互联网销售或提供保险经纪服务的险种范围和相关条件。

《办法》的焦点不仅仅在持牌的保险机构，另一个聚焦点在中介机构。《办法》对保险中介机构做了明确的规定，并指出保险中介机构开展互联网保险业务的，经营险种不得突破承保公司的险种范围和区域限制，业务范围不得超出合作或委托协议约定的范围。

此外，保险专业中介机构将互联网保险业务转委托给其他保险中介机构开展的，应征得委托人同意，并充分向消费者进行披露。受托保险中介机构应符合本《办法》规定的条件。保险经纪人、保险公估人接受消费者委托，为消费者提供互联网保险相关服务的，应签订委托合同，明确约定权利义务和服务项目，履行受托职责，提升受托服务意识和专业服务能力。

这些规定将有效清除无牌照保险销售机构，并逐渐建立起保险市场的坚实防线。互联网保险平台如果要做到规范透明，就需要保险公司和消费者的良性互动，保险服务与互联网功能完美连接，在此基础上加强市场的监管力度，这样才能使互联网保险产业长久健康地发展下去，才能惠及民生。

2.3.2　银保监会接管多家保险公司

2020 年 7 月 17 日，天安财险、华夏人寿、天安人寿、易安财险四家保险机构存在违反《中华人民共和国保险法》（以下简称《保险法》）规定的经营行为，触发了《保险法》第一百四十四条规定的接管条件，为保护保险活动当事人合法权益，维护社会公共利益，银保监会决定依法接管天安财险等四家保险机构。接管期自 2020 年 7 月 17 日起至 2021 年 7 月 16 日止，可依法适当延长。

根据《保险法》，如果保险公司发生违法违规行为，监管机构可以对其采取整顿、接管、撤销清算等措施。总体而言，接管是一种严重程度介于整顿与撤销清算之间的监管举措。

《保险法》第一百四十四条规定了可对保险公司实行接管的两种情形，即"（一）公司的偿付能力严重不足的；（二）违反本法规定，损害社会公共利益，可能严重危及或者已经严重危及公司的偿付能力的。"可见，触发接管的核心条件是

"偿付能力问题"。从银保监会发布的接管公告可以推断,天安财险、华夏人寿、天安人寿、易安财险四家保险机构都已经或潜在地存在偿付能力方面的问题。

对四家保险机构进行接管是近年来整治保险市场乱象工作在 2020 年的一个延伸,监管机构希望通过稳妥推进问题保险机构处置,从而有效防范化解保险体系相关风险。发现问题机构之后,如何对其进行处置,十分考验监管智慧。一方面,需要强化市场纪律,严格监管约束,重拳处置风险,让监管"长牙齿";另一方面,又不能简单粗暴地"一棍子打死",引发"次生风险",出现"处置风险的风险"。因此,需要在强化市场纪律与维护金融稳定之间把握好平衡,在这一过程中,分类施策,遵循市场规律,尤为重要。

应当说,保险监管机构在近几年的监管实践中已经积累了一定的接管经验,比如,从 2018 年 2 月至 2020 年 2 月对安邦集团的接管,就是一个较为成功的案例。2018 年 2 月,保监会发布公告称,鉴于安邦集团存在违反《保险法》规定的经营行为,可能严重危及公司偿付能力,决定对安邦集团实施接管。接管期限原定一年,后来依法延长至两年。2020 年 2 月,银保监会发布公告称,从安邦集团拆分新设的大家保险集团已基本具备正常经营能力,依法结束对安邦集团的接管。有了这两年接管安邦的实践经验,我们有理由相信,监管机构有能力妥善处置这四家保险机构的风险,充分发挥政府监管矫正市场失灵的功能,维护并促进保险业的健康发展。

2.3.3 监管处罚加重

2020 年,银保监会及其派出机构共开出 1705 张监管处罚的罚单,罚单总金额高达 2.36 亿元,涉及 342 家保险机构。行政处罚决定主要涉及吊销营业执照、停业、停止办理行政许可、撤销高管任职资格、停止接受新业务、罚款、警告、责令整改八类。从全年维度来看,财产险、人寿险和中介机构仍然是监管重点关注对象及处罚的重灾区。另外,银保监会对于健康险、责任险以及养老险的关注也逐步上升。

从季度处罚数据趋势来看,除 2020 年一季度集中释放了上一年度十二月的罚单外,二、三季度保险业处罚数据总体比较接近。四季度,监管处罚无论是数量还是金额都明显上升,原因可能是由于保险行业"开门红"大战逐渐升温,部分险企片面追求规模和业绩、以高费用换取短期业务发展而造成的结果。

从不同险企类型来看，值得注意的是，财产险公司连续在 2020 年四个季度都受到累计最高金额罚款，人寿险公司在三季度时罚单数量一度猛增至首位，而中介机构每季度罚款累计金额比较平均，在 1000 万元左右。

从处罚的月度变化趋势上来看，下半年随着疫情影响逐渐减弱，监管检查力度和处罚力度稳步提升。

对于保险公司来说，严监管的趋势下，在满足公司业务目标的同时，需始终如一坚持监管合规要求的底线，将满足监管要求提升到公司战略层面，进行从上到下的管理。

而在具体操作层面，需加强风险及合规内控的管控力度，建立良性的管理机制确保合规及业务有效融合，联动一二三道防线形成闭环的监督体系，进一步加强考核及问责，应用自动化合规工具提前预警，及时发现业务过程中的合规问题，为公司的健康持续发展提供保证。

第 2.4 节　保险业改革热点

2.4.1　加快发展第三支柱养老保险

2020 年 12 月 16 日至 18 日，中央经济工作会议在北京举行。会议提出，要规范发展第三支柱养老保险。

2020 年，关于加快发展养老第三支柱的"政策暖风"频吹。10 月 21 日，中国人民银行党委书记、银保监会主席郭树清在出席"2020 年金融街论坛"时表示，要发挥金融优势，大力发展第三支柱养老保障，以有效缓解我国养老保险支出压力。

12 月 9 日，国务院常务会议在部署促进人身保险扩面提质稳健发展措施时，提出按照统一规范要求，将加快商业养老保险纳入养老保障第三支柱的建设。作为关系社会民生、服务社会经济发展的重要方向，推动第三支柱养老保险发展，着力缓解我国养老保险支出压力，满足人民群众多样化养老需求，已经成为顶层擘画发展蓝图的重点。

中央重视第三支柱建设，对于提升公众参与养老保险第三支柱的积极性，完善养老保险第三支柱制度具有重要的指导意义。为促进养老金第三支柱的发展，应充分发挥市场机制在养老金体系改革中的作用，完善多支柱养老金体系。

第一，优化收入分配格局，提高个人自我养老保障能力。维持经济和就业的持续增长，增加居民收入，提高个人对于养老的准备程度。通过财税政策调整，使劳动者报酬与劳动生产率提高同步，居民收入增长与经济增长同步，以提高居民收入和支付能力，增强个人对于养老的自我保障能力。

第二，对养老金体系进行结构性改革，释放第三支柱的发展空间。适当降低基本养老保险的缴费比例，为第三支柱发展提供空间。建立养老金体系三支柱之间对接机制，实现税优政策对接，允许符合一定条件的参保人将第一支柱中的个人账户直接转移至第二支柱或第三支柱；允许离职人员将其企业年金（职业年金）归属个人的资金转移到其第三支柱。

第三，优化财政和税收激励政策。适当提高税延养老保险税前抵扣标准，建立抵扣额度与社会平均工资增长指数化挂钩的动态调整机制；取消 6% 的比例限制，统一按照固定标准税前扣除，方便员工投保以及企业人力资源部门协助办理税收递延手续；降低领取阶段的实际税率，鼓励中低收入的纳税群体参与，扩大商业养老保险的覆盖面；将税延型养老保险税前抵扣纳入个人所得税专项扣除项目，进一步简化税前抵扣流程。

第四，完善账户制经营模式。以银保监会的中国银保信平台与证监会的中登平台为起点，建立面向所有金融行业的统一的个人养老金制度平台，与税收管理系统对接，为金融机构参与第三支柱提供支撑。扩大参与的金融机构与产品范围，促进个人养老金账户市场的竞争，丰富产品形态，增加公众的选择权，提高个人养老金账户市场的运行效率。

第五，完善个人养老金运行监管体系。人社部门统筹完善第三支柱的制度设计，财税部门要完善个人养老金税收优惠政策及其调整，银保监会、证监会等金融监管部门对参与第三支柱的金融机构实施功能监管与主体监管。建立部门间沟通机制，形成监管合力。稳步放开养老金投资范围，促进多元化养老金资产配置，逐步由数量限制监管向审慎监管过渡。

2.4.2 惠民险全面推广

2020 年 3 月 5 日，中共中央、国务院发布的《关于深化医疗保障制度改革的意见》提出，到 2030 年，全面建成以基本医疗保险为主体，医疗救助为托底，补充医疗保险、商业健康保险、慈善捐赠、医疗互助共同发展的医疗保障制度体系。

在政策的鼓励下，一款被称为"惠民保"的城市定制型商业医疗保险在全国70 余个城市快速上线。凭借投保门槛低、保险理赔高、保费设置低这三大特点，"惠民保"吸引了大量投保者，成为 2020 年保险业当之无愧的现象级产品。

2020 年 11 月 20 日，银保监会发布《关于规范保险公司城市定制型商业医疗保险业务的通知（征求意见稿）》，出手规范此类保险业务，提出要遵从商业保险经营规律，市场化运作，并应因地制宜，保障方案体现地域特征，契合参保群众实际医疗保障需求。

"惠民保"火爆全国，既有需求侧的因素，也有供给侧的因素，还有政府侧的因素。

从需求侧看，随着经济社会发展，生活水平提高，公众健康意识、风险与保险意识不断提高，同时，新冠肺炎疫情在一定程度上也刺激了人们对健康保障的需求。从供给侧看，"惠民保"具有一定创新性，保费较低，保额较高，可带病投保，与医保衔接；加之近年来保险公司力推科技赋能，使投保手续较为便捷，投保门槛明显降低。

从政府侧看，对商业健康保险的支持力度不断加大，也推动了"惠民保"发展。仅 2020 年，国家就多次通过发布政策文件等方式，为商业健康保险发展指明方向。2020 年 3 月，中共中央、国务院发布《关于深化医疗保障制度改革的意见》，这是关于深化医保制度改革的一份顶层设计文件，它再次明确商业健康保险是我国医疗保障制度体系的有机组成部分。2020 年初，银保监会等十三部门联合发布《关于促进社会服务领域商业保险发展的意见》，提出"力争到 2025 年，商业健康保险市场规模超过 2 万亿元，成为中国特色医疗保障体系的重要组成部分"。2020 年末，国务院常务会议部署人身保险发展，要求"加快发展商业健康保险"，并要求商业健康保险实现高质量发展、包容性发展和开放式发展。国家政策方向引导、地方政府政策倾向，不少地方政府纷纷支持本地版"惠民保"。在此背景下，"惠民保"因为较好地连接了市场需求和供给，从而成为 2020 年保险业的一个现象级产品。

2.4.3 车险综改

2020 年 9 月 19 日，《关于实施车险综合改革的指导意见》正式实施。车险综合改革提升了交强险保障水平，将总责任限额从 12.2 万元提高到 20 万元。在商业车险条款中，增加机动车全车盗抢、地震及其次生灾害、玻璃单独破碎、自燃、发动机涉水等保险责任；同时，删除事故责任免赔率、无法找到第三方免赔率等免赔约定以及实践中容易引发理赔争议的免责条款。

银保监会数据显示，自车险综合改革实施以来，约 90% 的车险消费者年缴保费下降，车均保费由 3700 元/辆下降至 2700 元/辆，初步实现了"降价、增保、提质"的阶段性目标。与此同时，市场乱象得到明显改善。

2015 年监管部门开启新的一轮商车改革，取得了积极的效果，在一定程度上保护了消费者权益，增强了市场主体的经济自由，有利于促进市场竞争，提高效率，减少违规行为。但一些长期存在的深层次矛盾和问题仍然没有得到根本解决，高定价、高手续费、经营粗放、竞争失序、数据失真等问题比较突出，离高质量发展要求还有较大差距。在这种背景下，车险综合改革顺应了国际车险监管的大趋势，逐步放松对车险产品和定价管制，进一步深化车险费率市场化改革，以激发市场主体的竞争力和创新活力，推动保险公司提高风险细分和定价能力，创新产品，更好地满足消费者多样化的需求。

车险综合改革也使市场主体面临一定的挑战。一是保费增长趋缓，保险机构要积极应对业务增长压力。近年来，中国汽车产量和新车销量增速明显下滑，机动车保有量同比增速持续下降，承保率提升的空间较为有限，深化车险费率市场化改革将进一步降低车均保费，带来车险保费收入增速放缓。车险综合改革启动以来，行业保费增速接连两个月下滑，2020 年 11 月，车险原保险保费收入为 7480 亿元，同比增长 2.3%，增速明显趋缓。保险机构要从高速增长向高质量发展转换，同时，积极拓展非车险市场，推动保险业务结构调整。

二是赔付率上升、费用率压缩，承保盈利减少，甚至出现承保亏损，保险机构要积极应对盈利压力。为了应对盈利压力，保险机构要改变粗放经营模式，建立精细化、专业化的管理能力，增强细分风险的定价能力。

三是行业集中度提升，中小主体要在细分市场培育形成核心竞争力，避免市场退出风险。大公司在保费收入获取与盈利上具有规模经济优势，中小主体面临很大的市场竞争压力。中小主体可借鉴国际经验，对业务重新定位，主动退出不具有比较竞争优势的车险市场，或者深入挖掘车险细分市场，培育核心竞争力。

因此，财产险行业要积极应对改革可能带来的保费收入增长趋缓、承保盈利减少以及市场集中度提升等挑战。保险机构可转变发展方式，践行高质量发展理念，推动保险业务结构调整；运用新技术，提升风险识别和定价技术能力，为车险综合改革提供技术保障；提升承保盈利能力，构筑车险市场可持续发展的基础；提高市场细分能力，培育在特定市场的核心竞争力。

同时，监管部门要进一步完善偿付能力监管，为车险综合改革提供条件。通过偿付能力监管，及时发现、处置风险和问题；促进保险公司准确识别承保风险，根据风险进行科学定价，提高保险产品的竞争力；引导保险公司加强风险管理，树立正确的经营理念，通过理性经营提高竞争力，形成公平合理的竞争环境。

2.4.4　进一步明确代理人相关监管细则

2020 年 11 月 23 日，银保监会发布《保险代理人监管规定》，对各类保险代理人在经营规则、市场退出和法律责任等方面建立了相对统一的基本监管标准和规则。新规与此前发布的《保险经纪人监管规定》《保险公估人监管规定》共同构建起保险中介制度框架，形成了以《保险法》为统领、三部规章为主干，多个规范性文件为支撑的科学监管制度体系。一个月后，《关于发展独立个人保险代理人有关事项的通知》正式公布，独立个人保险代理人制度"破冰"。

中介是保险市场的重要组成部分，保险市场高质量发展也要求一步完善中介监管制度框架。《保险代理人监管规定》取消了保险中介机构许可证 3 年有效期的设置，对保险专业代理机构加强市场准入管理和分支机构管控，提高了区域性保险专业代理机构最低注册资本金额，对保险兼业代理机构明确准入条件和完善退出机制，对保险代理人岗前培训和后续教育等提出了相关要求，并要求将代理人销售行为合规性与团队主管考核挂钩。总体来看，新的监管规定加强了保险代理人的相关监管要求，和目前市场主体着重于提升代理人品质的发展方向契合，为保险代理人发展模式转型提供了监管支持。

《关于发展独立个人保险代理人有关事项的通知》则为代理人制度的组织模式改革提供了新的选择，为传统上高度依赖于组织发展的代理人制度改革提供了新的选择，尤其为中小市场主体在人口红利逐步消失背景下探索差异化代理人模式提供了政策支持。未来，代理人制度的内涵将更加丰富，模式将更加多样化。另外，独立个人保险代理人经保险机构授权可销售经金融监管部门审批的非保险金融产品，可在保险业务的基础上增加理财咨询等业务，提供一站式金融服务，承担多元化金融服务职能，更好地满足客户全方位的风险保障和财富管理需求。

2.4.5 重疾险定义新规范发布

2020 年 11 月 5 日，中国保险行业协会、中国医师协会发布《重大疾病保险的疾病定义使用规范（2020 年修订版）》，新规范自发布之日起实施，新老重疾险产品过渡期至 2021 年 1 月 31 日。同日，参照重疾险新定义，中国精算师协会发布《中国人身保险业重大疾病经验发生率表（2020）》。

此前沿用的重疾险定义已使用了 13 年，部分内容已不能满足当前行业发展和消费者需求。新定义建立了重大疾病分级体系，首次引入轻度疾病定义，将恶性肿瘤、急性心肌梗死、脑中风后遗症 3 种核心疾病，按照严重程度科学分级。同时，将原有 25 种重疾完善定义扩展为 28 种重度疾病和 3 种轻度疾病。另外，扩展疾病定义范围，优化定义内涵。

重疾险是关系到民生保障的重要险种，是我国"十四五"规划中"健康中国"的重要部分。重疾险既是我国保险消费者主买，也是保险公司主卖的主要险种之一。因此，界定重疾险范围，不仅涉及对被保险人的有效保障，还有助于减少保险纠纷，促进保险公司稳健经营。

2006 年，中国保险行业协会联合中国医师协会开始了对重大疾病进行行业标准定义，并于 2007 年共同发布了《重大疾病保险的疾病定义使用规范》，对指导保险行业重疾险的交易与经营发挥过重大作用；同时，2013 年中国精算师协会在保监会的指导下组织行业首次编制了《中国人身保险业重大疾病经验发生率表（2006 ~ 2010）》，改变了过去定价、准备金计算等依赖国外经验的现状，使重疾发生率表真正反映了中国被保险人的特征，对促进健康保险发展起到了重要作用。重疾险的快速发展，促使健康保险占人身保险业务的比重从 2007 年的 7.63% 提高到 2019 年的 22.8%。

　　随着我国经济社会的快速发展、体检的普及和医学诊疗技术的不断革新，居民重疾发生率已发生较大变化，此前沿用的重疾险定义部分内容已不能满足当前行业发展和消费者多元化需求，经两年多的反复修改，重疾险新定义终于正式公布。优化分类，建立重大疾病分级体系，是本次重疾险新定义的主要内容。第一，新定义首次引入轻度疾病定义，将恶性肿瘤、急性心肌梗死、脑中风后遗症 3 种核心疾病，按严重程度分为重度疾病和轻度疾病两级。第二，新定义增加病种数量，适度扩展保障范围，将原有 25 种重疾完善定义扩展为 28 种重度疾病和 3 种轻度疾病。第三，新定义扩展疾病定义范围，优化定义内涵。根据最新医学进展，扩展对重大器官移植术、冠状动脉搭桥术、心脏瓣膜手术、主动脉手术等 8 种疾病的保障范围，完善优化了严重慢性肾衰竭等 7 种疾病定义；在价格上，相同保险责任的主流重疾险产品价格会略有下降，定期重疾险产品在部分年龄段的价格会有明显下降。

　　因此，此次修订将使消费者重疾险的保障更全面、价格更实惠，保险公司的重疾险经营更稳健，将促使我国重疾险乃至整个健康险迈入一个新台阶，为健康中国保驾护航。

第 3 章　中国保险行业人力资源现状分析（一）

第 3.1 节　中国保险行业人力资源发展指数

本节主要介绍了中国保险行业人力资源发展指数构建、2019 年中国保险行业人力资源发展指数以及 2015～2019 年人力资源发展指数变动情况。

3.1.1　中国保险行业人力资源发展指数构建

中国保险行业人力资源发展指数是中国保险行业协会在《2016 年中国保险行业人力资源报告》中首次提出的反映行业总体人力资源情况的指标。

中国保险行业人力资源发展指数的设立遵循全面性、简洁化和可比性的原则，力求尽量从多角度反映行业人力资源领域的实践情况，并汇总为每年度之间具有比较意义的单一数字。指数选择《2015 年中国保险行业人力资源白皮书》中的相关数据作为基期值 100，之后年份根据与基期比较的相对值来确定指数值。中国保险行业人力资源发展指数从数量、质量、现状、未来四个角度考量，选择人力资源规模、人力资源素质、人力资源效能和人力资源潜力四个基本维度来进行构建。

保险行业人力资源发展指数采用层次分析法①构建，以多个层次结构来分解目标。每一层各因素两两相互比较，由多位行业专家评分得出重要性判断矩阵，由此确定权重。第一层次用于反映中国保险行业人力资源整体发展情况。第二层次以从业人员规模、从业人员素质、人力资源效能、人力发展潜力四个分领域反映人力资源具体实践情况，通过计算分领域指数实现。第三层次用于反映各领域内具体细化指标，其中从业人员规模指标包括保险公司员工数量、保险营销员（含代理人）数量；从业人员素质指标包括职工学历构成情况、专业技术职称获得情况；人力资源效能指标包括人均保费收入、人均薪酬水平、人力成本占总成本比例；人力发展

---

① 层次分析法（Analytic Hierarchy Process，AHP）于 20 世纪 70 年代中期，由美国运筹学家 T. L. Saaty 教授为美国国防部研究"根据各个工业部门对国家福利的贡献大小而进行电力分配"课题时首次提出。通过层次权重决策分析，将定性与定量方法相结合，能够用于复杂决策问题或系统性综合评价。由于它的实用性和有效性，被迅速、广泛地运用于经济、管理、资源分配等领域。

潜力指标包括培训费用投入、员工敬业度及文化驱动力、员工主动离职率、职工年龄结构分布，具体详见表 3 - 1。

表 3 - 1 保险行业人力资源发展指数指标体系

第一层	第二层	第三层
中国保险行业人力资源发展指数	从业人员规模指标	1. 保险公司员工数量 2. 保险营销员（含代理人）数量
	从业人员素质指标	1. 职工学历构成情况 2. 专业技术职称获得情况
	人力资源效能指标	1. 人均保费收入 2. 人均薪酬水平 3. 人力成本占总成本比例
	人才发展潜力指标	1. 培训费用投入 2. 员工敬业度及文化驱动力 3. 员工主动离职率 4. 职工年龄结构分布

中国保险行业人力资源发展指标体系需要随形势变化不断调整完善。本次初步搭建基本保险人力资源发展指标库，有指标 11 个。随着保险统计制度的不断完善及数据来源的不断拓宽，将适时调整指标体系，并兼顾连续性，确保指数能够更加科学、客观地反映保险行业人力资源发展不同阶段的新特征。

3.1.2 2019 年中国保险行业人力资源发展指数

以 2014 年作为基准年份，将该年的人力资源发展指数设定为 100，2019 年保险行业人力资源发展指数测算结果为 129.3，2018 年人力资源发展指数为 123，2019 年人力资源发展指数保持增长趋势且增速提高。

2019 年保险行业人力资源发展指数各维度中，首先从业人员素质指标有所增长，充分反映保险行业在职职工学历构成、专业技术职称获得情况等有所优化；其次从业人员效能指标，主要由于人均保费收入和人力成本营业收入比均较上年度提升。人才发展潜力指标下降，主要由于调研公司人员离职率上升，人员年龄结构增长；从业人员规模指标与上一年相比指数降低，体现保险行业从业人员数量上有减少。2019 年保险行业人力资源发展指数分维度得分详见表 3 - 2。

表 3-2 2019 年保险行业人力资源发展指数分维度得分

	维度	2019 年分维度得分	2018 年分维度得分	得分增减	2019 年人力资源发展指数	2018 年人力资源发展指数	年度得分增减
人力资源发展指数	从业人员规模指标	150.71	147.00	3.7	129.3	123	6.3
	从业人员素质指标	106.57	105.85	0.7			
	人力资源效能指标	150.95	135.12	15.8			
	人才发展潜力指标	96.18	108.86	-12.7			

3.1.3 2015~2019 年人力资源指数趋势分析

2015~2019 年，保险行业人力资源发展指数 2014 年基数为 100，2015 年为 108，2016 年为 116，2017 年为 121，2018 年为 123，2019 年增长到 129.3，连续五年保持增长趋势，但年度增长率逐渐下降。2015~2019 年保险行业人力资源发展指数详见图 3-1。

图 3-1 2015~2019 年保险行业人力资源发展指数

分四个维度来看，从业人员规模指数在 2015~2019 年保持增长但增速放缓，过去五年间人员规模指数的快速增长主要来自保险营销员（含代理人）的快速增长，2019 年保险营销员（含代理人）规模较上年度增长 4.7%。自 2018 年起，保险营销员（含代理人）经过三年快速增长后进入人员增长拐点，对于销售行为合规要求和产品供给侧改革增大了保险营销员销售难度，保险行业增员速度放缓。根据监管机构公布的数据，保险营销员（含代理人）人数截至 2014 年底为 325.29 万人，2015 年、2016 年、2017 年底分别为 471.29 万人、657.28 万人、806.94 万人，2018 年 871 万人，2019 年 912 万人。

2015～2017 年人力资源效能指数增长速度保持在年均 10%～20%，2018 年下降 7%，2019 年较 2018 年增长 11.7%。人力资源效能指数的上升主要是因为参加调研公司人均保费收入增长 12%。

从业人员素质指数继 2018 年首次实现增长后，保持稳定。2019 年职工学历情况的调研结果显示，本科学历占比、硕士研究生及博士研究生学历占比相较 2014年基准水平有所上升；调研的获得专业技术职称的员工人数相比 2014 年基准水平有所上升。

人才发展潜力指数呈现波动态势，2015 年、2016 年有所增长，2017 年略有下降，2018 年增长且超过了 2016 年水平，2019 年再次下降，指标为历史最低水平。该指标中 2019 年保险行业员工敬业度水平较 2018 年基本持平。2019 年调研的员工主动离职率比 2018 年上升，充分反映保险行业对核心人才的激烈竞争和流动情况。调研公司的培训费用投入与 2018 年比略有降低，体现保险公司培训费用投入略滞后于业务发展。2014～2019 年保险行业人力资源各维度发展指数详见图 3-2。

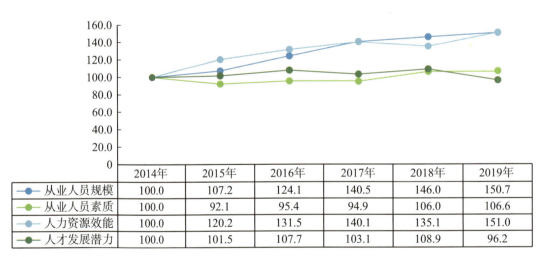

	2014年	2015年	2016年	2017年	2018年	2019年
从业人员规模	100.0	107.2	124.1	140.5	146.0	150.7
从业人员素质	100.0	92.1	95.4	94.9	106.0	106.6
人力资源效能	100.0	120.2	131.5	140.1	135.1	151.0
人才发展潜力	100.0	101.5	107.7	103.1	108.9	96.2

图 3-2 2014～2019 年保险行业人力资源各维度发展指数

第 3.2 节   保险公司人员配置情况

本节以保险公司人员配置为主题，主要介绍了保险公司各层级机构、各管理及专业序列的人员配置情况。

3.2.1 各层级机构人员情况

3.2.1.1 各层级机构员工人数

各层级机构员工人数随机构层级增加而增加。从行业总体来看，公司总部员工人数平均值为 491 人，50 分位值为 267 人；二级机构员工人数平均值为 874 人，50 分位值为 270 人；三级机构员工人数平均值为 966 人，50 分位值为 134 人。行业总体各层级机构员工人数详见图 3 - 3。

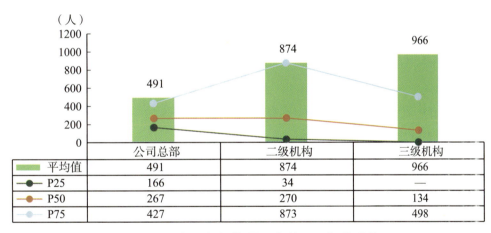

	公司总部	二级机构	三级机构
平均值	491	874	966
P25	166	34	—
P50	267	270	134
P75	427	873	498

图 3 - 3   各层级机构员工人数——行业总体

对比不同险种公司，财产险公司总部员工人数平均值为 623 人，25 分位值为 149 人，50 分位值为 208 人，75 分位值为 306 人；二级机构员工人数平均值为 1073 人，25 分位值为 96 人，50 分位值为 244 人，75 分位值为 557 人；三级机构员工人数平均值为 1286 人，25 分位值为 4 人，50 分位值为 142 人，75 分位值为 479 人。财产险公司各层级机构员工人数详见图 3 - 4。

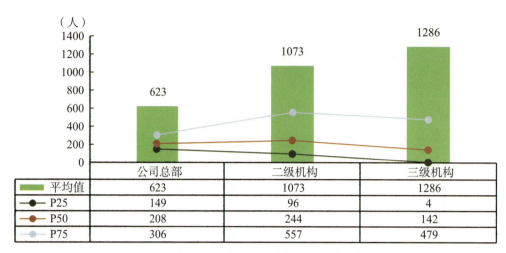

图 3-4　各层级机构员工人数——财产险公司

人身险公司总部员工人数平均值为 447 人，25 分位值为 246 人，50 分位值为 342 人，75 分位值为 508 人；二级机构员工人数平均值为 1028 人，25 分位值为 135 人，50 分位值为 640 人，75 分位值为 1312 人；三级机构员工人数平均值为 1071 人，25 分位值为 69 人，50 分位值为 292 人，75 分位值为 1101 人。人身险公司各层级机构员工人数详见图 3-5。

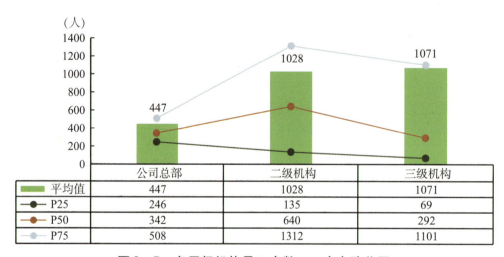

图 3-5　各层级机构员工人数——人身险公司

3.2.1.2　各层级机构管理者与普通员工分布

从行业总体来看，各层级机构中，公司总部管理者人数占比最高，为 19%；对比不同险种公司，人身险公司总部管理者人数占比 23%，高于财产险公司总部管理者人数占比 15%；对比不同规模公司，大型公司总部管理者人数占比 12%，低于中小型公司总部管理者人数占比 22%。不同险种、不同规模公司各层级机构管理者与普通员工人员分布详见图 3 - 6。

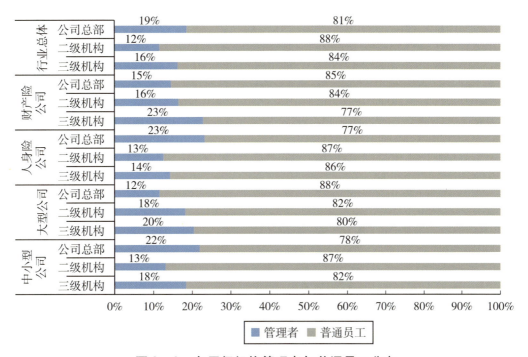

图 3 - 6　各层级机构管理者与普通员工分布

3.2.1.3　各层级机构管理者结构

从公司总部来看，核心层管理者占行业总体比例为 9%，财产险公司和人身险公司持平，均为 9%，中小型公司最高，为 11%，大型公司最低，为 4%；高层管理者占行业总体比例为 32%，各类型公司基本一致；中层管理者占行业总体比例为 59%，大型公司最高，为 66%，中小型公司最低，为 57%。不同险种、不同规模公司的公司总部管理者结构详见图 3 - 7。

从分支机构来看，按管理职务统计管理者结构，行业总体四级机构副职及总助占比最高为 42%，其次为四级机构主要负责人占比为 34%，第三为三级机构部门管理人员占比为 11%；不同类型公司分支机构管理者占比基本一致。不同险种、不同规模公司分支机构管理者结构详见图 3 - 8。

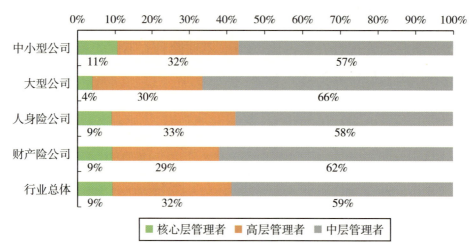

图 3 –7　各层级机构管理者结构——公司总部

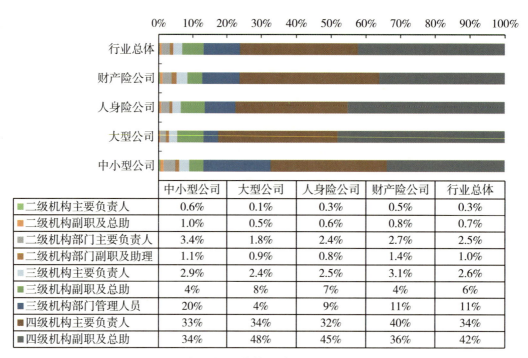

	中小型公司	大型公司	人身险公司	财产险公司	行业总体
二级机构主要负责人	0.6%	0.1%	0.3%	0.5%	0.3%
二级机构副职及总助	1.0%	0.5%	0.6%	0.8%	0.7%
二级机构部门主要负责人	3.4%	1.8%	2.4%	2.7%	2.5%
二级机构部门副职及助理	1.1%	0.9%	0.8%	1.4%	1.0%
三级机构主要负责人	2.9%	2.4%	2.5%	3.1%	2.6%
三级机构副职及总助	4%	8%	7%	4%	6%
三级机构部门管理人员	20%	4%	9%	11%	11%
四级机构主要负责人	33%	34%	32%	40%	34%
四级机构副职及总助	34%	48%	45%	36%	42%

图 3 –8　各层级机构管理者结构——分支机构

3.2.1.4　各层级机构普通员工结构

从行业总体来看，公司总部中台员工人数占比最高，为 45%；二级、三级机构前台员工人数占比最高，分别为 51%、64%。不同险种、不同规模公司的人员结构基本一致。从过去三年的情况看，各层级机构前、中、后台员工人数占比总体上变化不大。不同险种、不同规模公司的各层级机构前、中、后台员工结构详见图 3 –9。

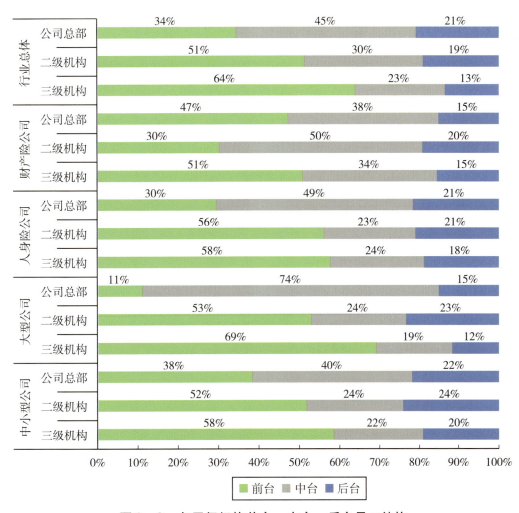

图 3-9　各层级机构前台、中台、后台员工结构

3.2.2　管理者及主要专业序列人员分布

3.2.2.1　各序列人员结构

保险行业人力资源报告调研了不同层级的管理者、董监事会公司治理人员、销售（非代理）、投资管理、再保险、两核人员、精算（含产品、研发）、客户服务管理、信息技术、风险管控、财务管理、人力资源管理、教育培训、办公室行政管理等保险公司主要专业序列人员。

管理者、销售（非代理）人员、其他专业序列人员的人数配比，近四年来平均为 1∶2.4∶1.8。相比 2016 年，管理序列和中台专业人员人数占比略有上升，后台专业人员人数占比、销售（非代理）人员人数占比则有所下降。具体而言，管理者人数占比从 2016 年、2017 年的不足 20% 上升到了 2018 年、2019 年的 20% 以上；销售（非代理）人员人数占比从 2016 年的 45.8% 下降到 2019 年的 42.3%；业务管理（即销售管理和销售支持）人员占比提升；客户服务管理人员的人数占比则略有下降。2016~2019 年各序列人员占比详见表 3-3。

表 3-3　　　　　　　　　2016~2019 年各序列人员结构　　　　　单位：%

项目	2016 年	2017 年	2018 年	2019 年
管理序列总体	**19.6**	**13.5**	**22.7**	**21.4**
其中：核心层管理者	0.2	0.03	0.2	0.4
高层管理者	1.2	0.5	1.6	1.7
中层管理者	5.3	2.7	6.8	6.4
基层管理者	12.8	10.3	14.1	12.9
前台总体	**45.8**	**51.4**	**43.5**	**42.3**
销售（非代理）总体	45.8	51.4	43.5	42.3
中台总体	**23.4**	**19.6**	**23.8**	**25.9**
两核总体	7.5	8.8	10.2	8.4
客户服务管理	7.1	4.3	4.9	4.5
业务管理	7.5	4.7	6.5	11.1
信息技术总体	0.7	1.5	1.3	1
精算（含产品、研发）	0.2	0.2	0.3	0.3
投资管理	0.3	0.2	0.6	0.4
后台总体	**11.1**	**15.5**	**10.5**	**10.3**
财务管理	3.4	3.1	3.4	3.9
办公行政管理	4.0	3.3	2.7	2.4
人力资源管理	1.2	1.2	1.3	0.9
教育培训	1.9	1.6	0.9	1.9
风险管控总体	0.6	1.1	0.9	1.1
董事会办公室	—	0.04	0.05	0.1
监事会办公室	—	0.01	0.01	0.0
其他	—	5.1	1.3	1.0

2019 年管理者及主要专业序列人员结构，从行业总体来看，管理者人数占员工总人数的 21% 左右，专业序列人员人数占员工总人数的 79% 左右。人数最多的为销售人员，占比为 42.3% 左右，其次为业务管理（即销售管理和销售支持）人

员，占比约为 11.1%，再次为两核人员，占比约为 8.4%，其他各专业序列人员占比均不超过 5%。对比不同险种公司，人身险公司的管理者人数略低于财产险公司，财产险公司的两核人员人数占比为 14%，远高于人身险公司的 4%。对比不同规模公司，大型公司的管理者人数占比高于中小型公司约 10%；中小型公司两核人员人数占比低于大型公司约 2 个百分点。2019 年管理者及主要专业序列人员结构详见图 3 - 10。

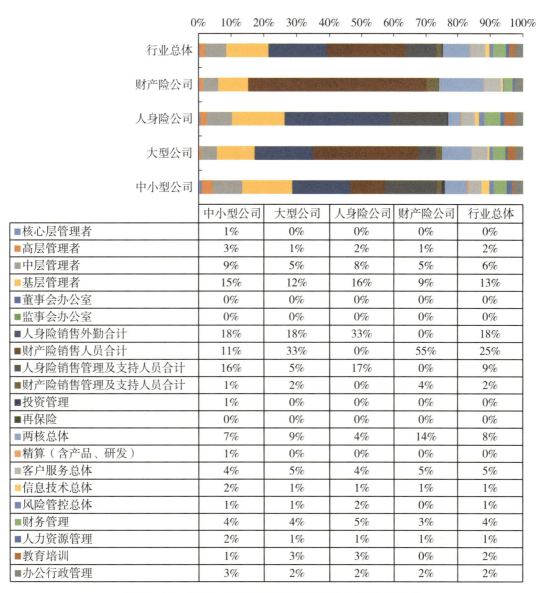

	中小型公司	大型公司	人身险公司	财产险公司	行业总体
核心层管理者	1%	0%	0%	0%	0%
高层管理者	3%	1%	2%	1%	2%
中层管理者	9%	5%	8%	5%	6%
基层管理者	15%	12%	16%	9%	13%
董事会办公室	0%	0%	0%	0%	0%
监事会办公室	0%	0%	0%	0%	0%
人身险销售外勤合计	18%	18%	33%	0%	18%
财产险销售人员合计	11%	33%	0%	55%	25%
人身险销售管理及支持人员合计	16%	5%	17%	0%	9%
财产险销售管理及支持人员合计	1%	2%	0%	4%	2%
投资管理	1%	0%	0%	0%	0%
再保险	0%	0%	0%	0%	0%
两核总体	7%	9%	4%	14%	8%
精算（含产品、研发）	1%	0%	0%	0%	0%
客户服务总体	4%	5%	4%	5%	5%
信息技术总体	2%	1%	1%	1%	1%
风险管控总体	1%	1%	2%	0%	1%
财务管理	4%	4%	5%	3%	4%
人力资源管理	2%	1%	1%	1%	1%
教育培训	1%	3%	3%	0%	2%
办公行政管理	3%	2%	2%	2%	2%

图 3 - 10　2019 年管理者及主要专业序列人员结构

3.2.2.2　年龄结构

2016～2019 年参与调研保险公司员工年龄段分布呈现上升趋势。25 岁及以下员工人数占比逐年降低，26～35 岁员工人数占比稳定，36～45 岁、46 岁及以上员工人数占比逐年提高。2016～2019 年员工整体年龄结构详见表 3 – 4。

表 3 – 4　　　　　　　　2016～2019 年员工整体年龄结构　　　　　　单位：%

项目	2016 年	2017 年	2018 年	2019 年
25 岁及以下	22	19	14	12
26～35 岁	47	47	47	47
36～45 岁	21	23	24	26
46 岁及以上	10	11	15	15

3.2.2.3　学历结构

2016～2019 年参与调研保险公司员工学历水平呈现上升趋势。2019 年员工学历水平结构相比 2018 年基本保持稳定。2016～2019 年员工整体学历结构详见表 3 – 5。

表 3 – 5　　　　　　　　2016～2019 年员工整体学历结构　　　　　　单位：%

项目	2016 年	2017 年	2018 年	2019 年
中专及以下	9.35	9.72	9.64	9.40
大专	35.42	36.51	30.82	31.38
本科	50.48	49.70	54.18	54.42
硕士研究生	4.61	3.98	5.20	4.70
博士研究生及以上	0.14	0.09	0.16	0.10

3.2.3　管理者结构

3.2.3.1　管理者性别结构

从行业总体来看，各级机构管理者中男性占比均高于女性占比。其中，二级机构主要负责人男性占比最高，为 88%，其次为三级机构班子，男性占比 77%，再次为二级机构部门副职及助理，男性占比为 75%。2019 年管理者性别结构详见图 3 – 11。

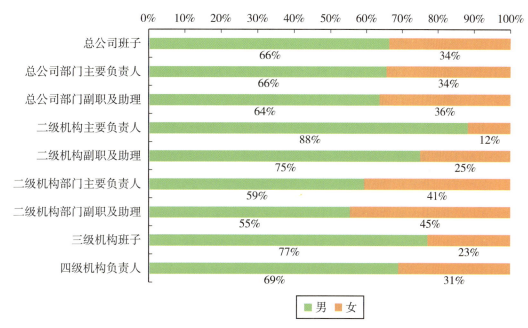

图 3 –11　2019 年管理者性别结构

3.2.3.2　管理者年龄结构

2016 ～ 2019 年参与调研保险公司管理者年龄段分布呈波动趋势。25 岁及以下管理者人数占比从 2016 年的 7% 降低到 2018 年的 2%，在 2019 年回升至 8%。26 ～ 35 岁管理者人数占比 2019 年较往年有明显提升，36 岁以上管理者人数占比从 2016 年的 55% 降低到 2019 年的 44%。2016 ～ 2019 年管理者年龄结构详见表 3 –6。

表 3 –6　　　　　　　　　　2016 ～ 2019 年管理者年龄结构　　　　　　　　　单位：%

项目	2016 年	2017 年	2018 年	2019 年
25 岁及以下	7	9	2	8
26 ～ 35 岁	38	36	35	48
36 ～ 45 岁	36	35	41	29
46 岁以上	19	20	22	15

在 2019 年管理者年龄结构方面，从行业总体来看，46 岁以上占比最高为二级机构主要负责人，为 68.8%；41～45 岁占比最高的为总公司部门主要负责人，为 30.7%；36～40 岁占比最高的为二级机构主要部门负责人，为 30.1%；26～35 岁占比最高的为四级机构主要负责人，为 36.4%。2019 年管理者年龄结构详见图 3－12。

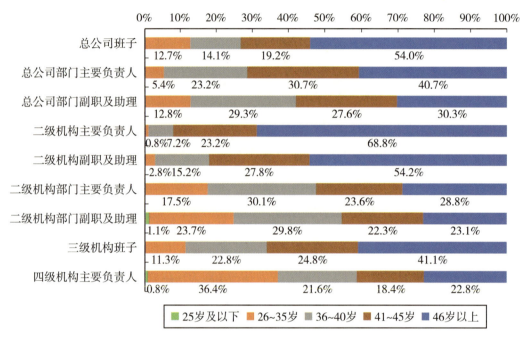

图 3－12　2019 年管理者年龄结构

3.2.3.3　管理者学历结构

2016～2019 年参与调研保险公司管理者学历水平呈波动趋势。2016～2019 年管理者学历结构详见表 3－7。

表 3－7　　　　　　　2016～2019 年管理者学历结构　　　　　　　单位：%

项目	2016 年	2017 年	2018 年	2019 年
中专及以下	3.0	3.3	1.9	3.7
大专	28.4	29.4	21.3	22.1
本科	58.6	58.2	66.9	66.2
硕士研究生	9.5	8.7	9.5	7.8
博士研究生及以上	0.5	0.4	0.4	0.2

2019 年管理者学历结构，从行业总体来看，管理者学历随着管理者级别上升而增加。与专业序列普通员工相比，管理者学历更高，除四级机构负责人外的管理者本科及以上学历人数占比均超过 75%。2019 年管理者学历结构详见图 3 - 13。

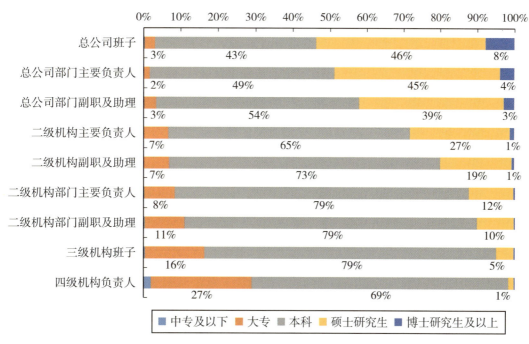

图 3 - 13　2019 年管理者学历结构

3.2.4　专业序列人员结构

3.2.4.1　专业序列性别结构

从行业总体来看，专业序列人员中男性占比为 44%，女性占比为 56%；对比不同险种公司，人身险公司女性占比更高，为 62%；对比不同规模公司，中小型公司女性占比更高，为 62%。2019 年专业序列人员性别结构详见图 3 - 14。

3.2.4.2　专业序列年龄结构

2016 ~ 2019 年参与调研保险公司专业序列人员年龄段分布呈现上升趋势。25 岁及以下人数占比逐年降低，26 ~ 35 岁人数占比略有上升，36 ~ 45 岁、46 岁以上人数占比逐年提高。2016 ~ 2019 年专业序列人员年龄结构详见表 3 - 8。

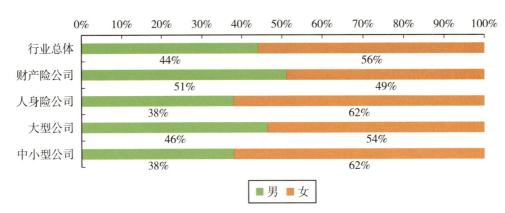

图 3-14 2019 年专业序列人员整体性别结构

表 3-8   2016～2019 年专业序列整体年龄结构   单位：%

项目	2016 年	2017 年	2018 年	2019 年
25 岁及以下	26	21	11	9
26～35 岁	49	49	52	52
36～45 岁	17	20	25	27
46 岁以上	8	10	12	12

2019 年专业序列人员年龄结构，从行业总体来看，35 岁及以下员工人数占比为 61%，员工队伍较为年轻，36～45 岁员工人数占比为 27%，46 岁以上员工人数占比为 12%；对比不同险种公司，人身险公司 45 岁以上员工人数占比更高，为 15%；对比不同规模公司，大型公司 35 岁以下员工人数占比更高，为 65%。2019 年专业序列整体年龄结构详见图 3-15。

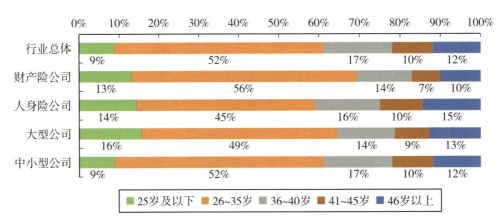

图 3-15 2019 年专业序列整体年龄结构

2019 年主要专业序列人员年龄结构方面，投资管理人员在 26～35 岁占比最大，为 69%，其次是精算（含产品、研发）人员在 26～35 岁占比为 68%，再次是信息技术和监事会办公室人员，在 26～35 岁占比均为 65%。2019 年主要专业序列人员年龄结构详见图 3－16。

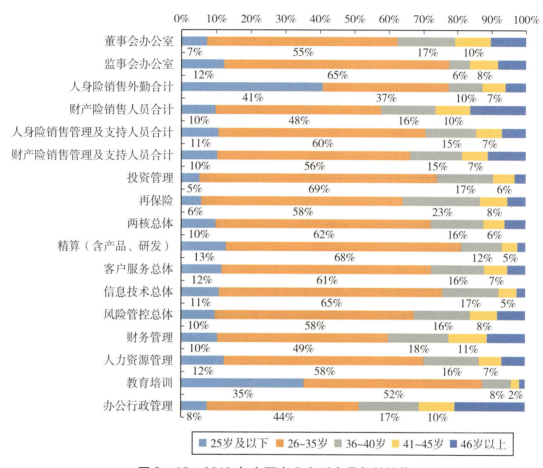

图 3－16　2019 年主要专业序列人员年龄结构

3.2.4.3　专业序列学历结构

2016～2019 年参与调研保险公司专业序列人员学历水平有所提高。2019 年员工学历结构与 2018 年相比变化不大。2016～2019 年专业序列人员学历结构详见表 3－9。

表 3 - 9   2016 ~ 2019 年专业序列整体学历结构   单位：%

项目	2016 年	2017 年	2018 年	2019 年
中专及以下	10.9	10.8	10.8	10.6
大专	37.1	37.8	34.2	33.3
本科	48.5	48.2	50.5	52.0
硕士研究生	3.4	3.2	4.4	4.0
博士研究生及以上	0.1	0.0	0.1	0.1

　　行业总体方面，本科学历员工占比最高，为 52.0%；其次，为大专学历员工，占比 33.3%；博士研究生员工占比最低，为 0.10%。不同险种、不同规模公司的人员年龄结构基本一致，财产险公司与中小型公司中专及以下学历稍多。2019 年员工整体学历结构详见图 3 - 17。

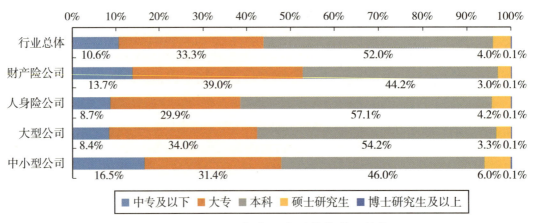

图 3 - 17   2019 年专业序列整体学历结构

　　分专业序列看，各序列员工的学历结构差异较大，董事会办公室人员、投资管理、精算人员学历水平相对较高，硕士研究生及以上学历员工人数占比分别为 35%、76%、71%；大专及以下学历员工人数占比最高的为人身险销售外勤和财产险销售人员，分别为 75%、70%。2019 年主要专业序列人员学历结构详见图 3 - 18。

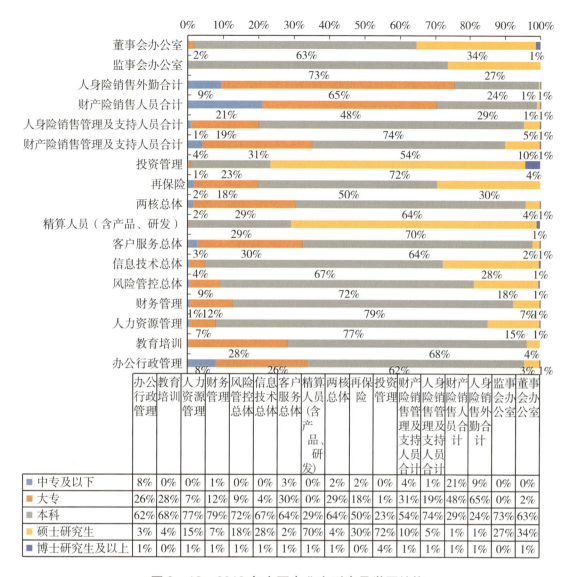

图 3-18　2019 年主要专业序列人员学历结构

	办公行政管理	教育培训	人力资源管理	财务管理	风险管控总体	信息技术总体	客户服务总体	精算人员（含产品、研发）	两核总体	再保险	投资管理	财产险销售管理及支持人员合计	人身险销售管理及支持人员合计	财产险销售人员合计	人身险销售外勤合计	监事会办公室	董事会办公室
中专及以下	8%	0%	0%	1%	0%	0%	3%	0%	2%	2%	0%	4%	1%	21%	9%	0%	0%
大专	26%	28%	7%	12%	9%	4%	30%	0%	29%	18%	1%	31%	19%	48%	65%	0%	2%
本科	62%	68%	77%	79%	72%	67%	64%	29%	64%	50%	23%	54%	74%	29%	24%	73%	63%
硕士研究生	3%	4%	15%	7%	18%	28%	2%	70%	4%	30%	72%	10%	5%	1%	1%	27%	34%
博士研究生及以上	1%	0%	1%	1%	1%	1%	1%	1%	1%	0%	4%	1%	1%	1%	1%	0%	1%

3.2.5　案例：中国人寿——组织架构调整*

为适应外部发展形势，巩固市场主导地位，中国人寿 2019 年启动了以"鼎新工程"命名的一系列变革转型工作。旨在通过组织变革，更好地发挥资源、人才、渠道以及政治优势，使公司可以创造更大的价值。"鼎新工程"按照"一年打基础，两年搭框架，三年见成效"的推进计划，在 2019 年完成了总分公司组织架构

---

* 资料来源：由编写组成员进行行业专题访谈后整理所得。

优化和人员调整，并在当时计划 2020 年全面启动变革转型项目。同时在 2021 年，打算在前期工作基础上持续优化完善改革。

此次变革的主要目的是围绕重振国寿战略蓝图和"双心双聚"战略内核，构建敏捷、精简、高效、活力的经营型、战斗型组织体系。为有效推进组织架构改革，中国人寿专门成立"三定"改革推进办公室，下设若干工作组，负责具体工作的执行落实。

截至 2019 年 9 月，中国人寿已经顺利完成全系统组织架构改革工作。架构改革的成效主要体现在以下方面：一是各级机构的定位更加清晰，即"强总部、精省域、优地市、活基层"，提升了总部在决策指挥、专业支撑、科技赋能和风险管控方面的能力；强化了省级分公司区域经营、市场对标和风控主体责任落实；优化了地市分公司属地管理模式，进一步加强个险和风控的属地统筹管理，强化团险、银保专业经营和市场拓展；激发了基层支公司发展活力。二是前台、中台、后台人员结构得到明显优化，个险力量得到明显强化，人员占比显著提升，中台、后台架构和人员有效精简，人员流动符合改革要求。三是工作职责更加清晰，工作流程更加顺畅，组织效率有效提升。

为有效评估项目成效，中国人寿在项目完成后设置了项目成效考评。项目成效考评主要指项目对相关领域的积极作用和改善程度，并且绝大部分指标为可量化指标，由变革转型委员会、内外部专家、相关部门负责人、项目用户代表进行评分。此外，通过广泛调研发现，员工对于各部门或条线职责分工的满意度明显提升。

第 3.3 节　保险行业岗位体系

本节以保险行业岗位体系为主题，内容包括保险公司岗位价值评估方法以及岗位价值级别数量。

3.3.1　岗位价值评估方法

岗位价值评估是通过考察岗位内容和组织架构，用一套连续有序的方式，在一个组织内部确定不同岗位相对价值重要性大小的方法，以此搭建职位体系。目前，保险行业岗位价值评估的典型方法包括：价值因素法、角色能力法。价值因素法是指公司选定若干核心维度对岗位进行评分，各核心维度得分总和的区间对应不同的职级，价值因素法常用的评估维度包括岗位的专业知识、职责范围、影响范围和大小、沟通要求、团队管理等方面。角色能力法是指公司根据每个岗位承担的角色、业务贡献、协同要求、能力素质等作为核心因素，按照不同的水平对应不同的职级。

　　从行业总体来看，使用价值因素法进行岗位价值评估的公司占比为 47%，不同险种、不同规模公司与行业基本保持一致。岗位价值评估方法使用情况详见图 3-19。

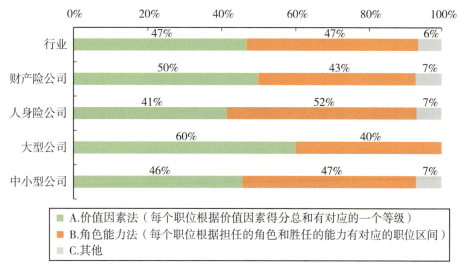

图 3-19　岗位价值评估方法使用情况

3.3.2　岗位价值级别数量

　　从过去三年的情况看，进行岗位价值评估的保险公司稳定在 60% 左右，比 2016 年有所提高。2016~2019 年保险公司开展岗位价值评估情况详见表 3-10。

表 3-10　　　　　　　　　2016~2019 年保险公司开展岗位价值评估情况　　　　　　　单位：%

项目	2016 年	2017 年	2018 年	2019 年
开展岗位价值评估的公司占比	54.24	59.84	62.30	60.40
未开展岗位价值评估的公司占比	45.76	40.16	37.70	39.60

　　在已建立岗位价值评估体系的公司中，岗位价值级别数量为 15~20 级的公司占比最高，为 29.3%，与过往几年情况基本一致。对比不同险种公司，财产险公司岗位价值级别数量为 10~15 级的占比高于人身险公司；对比不同规模公司，大型公司岗位价值级别数量为 5~10 级的占比高于中小型公司。岗位价值级别数量详见图 3-20。

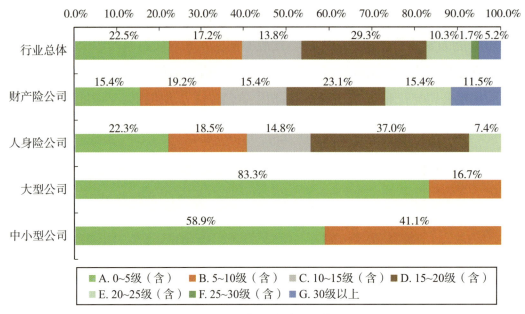

图 3-20　岗位价值级别数量

　　参与调研保险公司的岗位价值数量集中在 15~20 级或者 0~5 级两个范围内，且整体上有级别数量降低的趋势。2016~2019 年岗位价值级别数量详见表 3-11。

表 3-11　　　　　　　　　　2016~2019 年岗位价值级别数量　　　　　　　　　单位：个

项目	2016 年	2017 年	2018 年	2019 年
0~5 级（含）	14.06	10.26	12.00	22.5
5~10 级（含）	20.31	19.23	16.00	17.2
10~15 级（含）	17.19	25.64	17.33	13.8
15~20 级（含）	25.00	20.51	34.67	29.3
20~25 级（含）	15.63	16.67	12.00	10.3
25~30 级（含）	6.25	5.13	5.33	1.7
30 级以上	1.56	2.56	2.67	5.2

第 3.4 节　保险公司人才供给

　　本节围绕保险公司人才供给情况，介绍专业序列人才需求、获得人才的主要渠道和方式以及应届毕业生供给以及人员管理。

3.4.1　人员招聘管理

3.4.1.1　招聘需求

招聘需求涵盖了销售（非代理）、投资管理、核保管理、理赔管理、精算（含产品、研发）、业务管理、客户服务管理、信息技术数据、信息技术开发、风险合规、法律事务、稽核内审、资产负债管理、财务管理、人力资源管理、教育培训、办公行政管理等保险公司主要序列。

从行业总体来看，2019 年招聘需求排名前列的依次为业务管理、销售员工（非代理）、精算（含产品、研发）、信息技术开发、核保管理，招聘需求前四位与 2017 年、2018 年情况一致，只是排位根据当年度的业务发展需要和人才竞争情况略有调整。对比不同险种公司，财产险公司需求最大的是销售员工（非代理）、核保管理，人身险公司需求最大的是销售员工（非代理）、业务管理。对比不同规模公司，大型公司需求最高的是信息技术开发，而中小型公司需求最高的则是业务管理，体现了不同规模公司专业职能发展重心的明显区别。招聘需求优先度排序详见图 3 - 21。

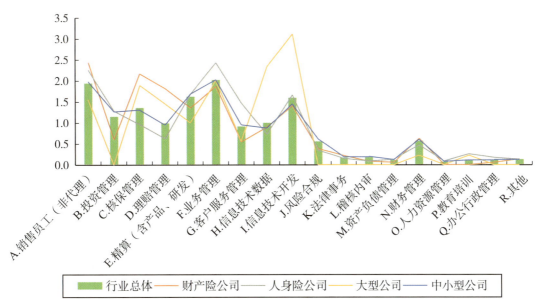

图 3 - 21　招聘需求优先度排序

与 2018 年相比，2019 年招聘需求的前五位不变，"精算（含产品、研发）"上升了一位，信息技术开发"后退一位。2016～2019 年招聘需求排序详见表 3 – 12。

表 3 – 12　　　　　　　　　　　2016～2019 年招聘需求排序

排名	2016 年	2017 年	2018 年	2019 年
1	业务管理	销售（非代理）	销售（非代理）	业务管理
2	销售（非代理）	精算（含产品、研发）	业务管理	销售（非代理）
3	精算（含产品、研发）	信息技术开发	信息技术开发	精算（含产品、研发）
4	信息技术开发	业务管理	精算（含产品、研发）	信息技术开发
5	投资管理	核保管理	核保管理	核保管理

3.4.1.2　常用招聘渠道

公司需要根据专业人才的类型、层次、能力要求，结合实际情况选择适当的招聘渠道。从行业总体来看，保险公司常用人才招聘渠道前五名依次是招聘广告（互联网新媒体）、内部推荐、猎头公司、校园招聘、招聘广告（传统媒体）。对比不同险种公司，招聘渠道差异较小。对比不同规模公司，大型公司校园定向招聘渠道使用显著高于中小型公司以及行业总体，主要可能因为大型公司在品牌影响力与社会形象、管理体系、经营业绩等方面更具有优势，能够在校园定向招聘中更好地吸引在校大学生；同时，大型公司人才队伍更加庞大，对补给新鲜血液的需求相较中小型公司更强。不同险种、不同规模公司常用招聘渠道详见图 3 – 22。

从过去三年的情况看，使用频率排名前两位的一直是"招聘广告（互联网新媒体）"和"内部推荐"。

从序列上来看，内勤人员招聘渠道最常用方式为招聘广告（互联网新媒体），外勤人员招聘渠道最常用方式为内部推荐。对比不同险种公司，各职级常用招聘渠道与行业总体基本一致。对比不同规模公司，对外勤人员的招聘，大型公司相较中小型公司更多采用招聘广告（互联网新媒体）的方式。不同险种、不同规模公司内勤外勤人员主要招聘渠道详见图 3 – 23。

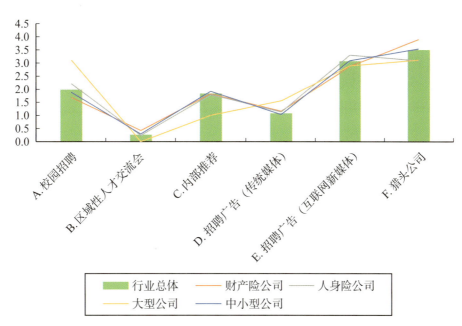

图 3 -22　常用招聘渠道

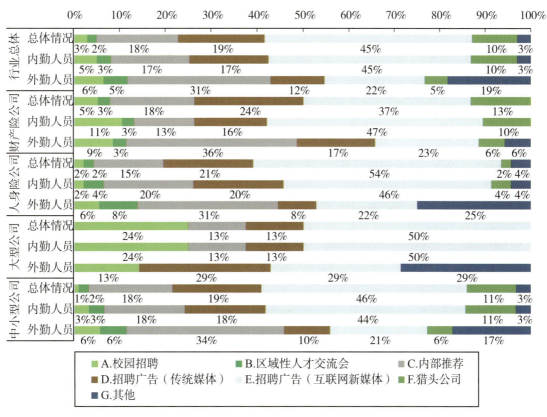

图 3 -23　内勤外勤人员主要招聘渠道

从行业总体分职级来看，L1～L3 职级最常用的招聘渠道是招聘广告（互联网新媒体），占比分别为 38%、44%、50%；L5～L6 职级最常用的是猎头公司，占比分别为 52%、42%。不同险种、不同规模公司人员招聘渠道与行业总体基本一致。各职级人员招聘渠道使用频率分别详见图 3－24～图 3－28。

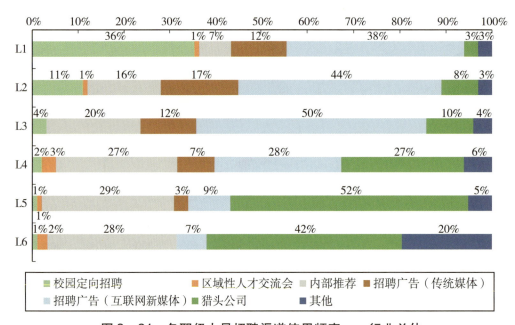

图 3 –24　各职级人员招聘渠道使用频率——行业总体

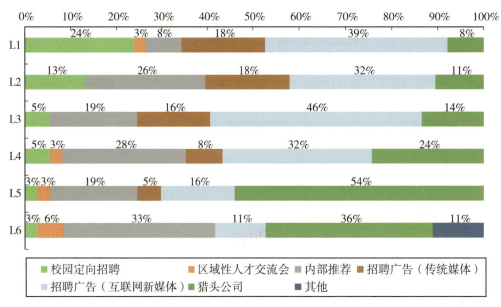

图 3 –25　各职级人员招聘渠道使用频率——财产险公司

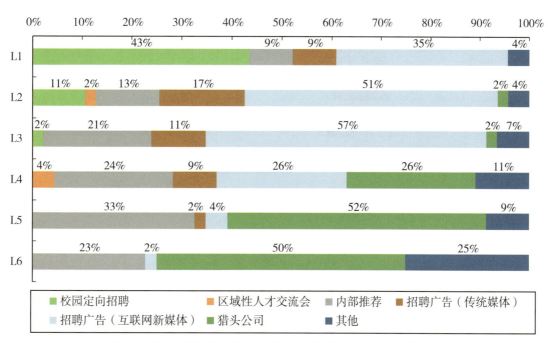

图3-26 各职级人员招聘渠道使用频率——人身险公司

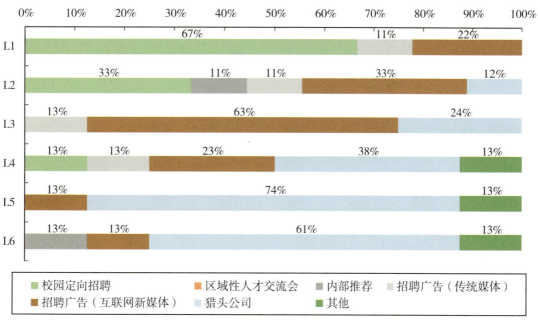

图3-27 各职级人员招聘渠道使用频率——大型公司

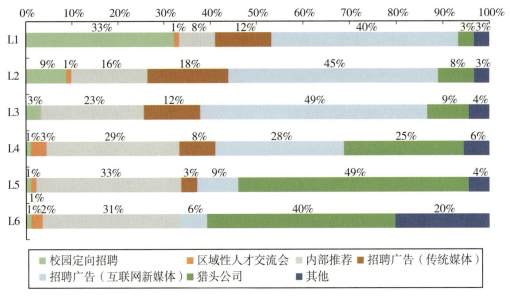

图 3 –28　各职级人员招聘渠道使用频率——中小型公司

3.4.1.3　招聘渠道有效性

从行业总体来看，内部推荐、招聘广告（互联网新媒体）、猎头公司的有效性认可度最高。不同险种、不同规模公司与行业总体基本保持一致。招聘渠道有效性详见图 3 – 29。

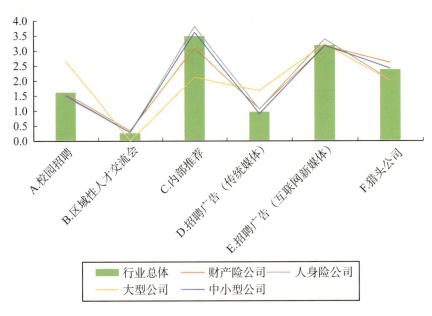

图 3 –29　招聘渠道有效性情况

3.4.1.4　招聘渠道费用投入

从行业总体来看，招聘渠道费用投入排名前三位的依次是猎头公司、招聘广告（互联网新媒体）、校园招聘；不同险种、不同规模公司与行业总体基本保持一致。不同险种、不同规模公司招聘渠道费用投入情况详见图 3 – 30。

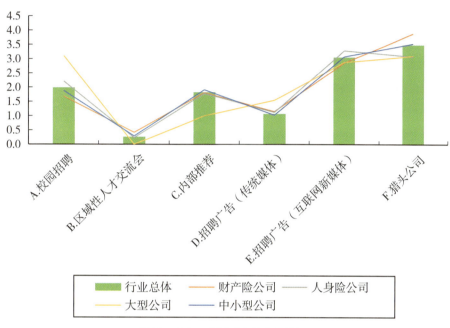

图 3 – 30　招聘渠道费用情况

3.4.1.5　招聘成本

从行业总体来看，内勤人员人均招聘成本 1000 元以下的占比为 37%，外勤人员人均招聘成本 1000 元以下的占比为 65%；对比不同险种公司，人身险公司内勤人员人均招聘成本 1000 元以下的占比为 38%，高于财产险公司的 37%；对比不同规模公司，大型公司内勤人员人均招聘成本 1000 元以下的占比为 50%，外勤的占比为 71%，均高于中小型公司。人均招聘成本详见图 3 – 31。

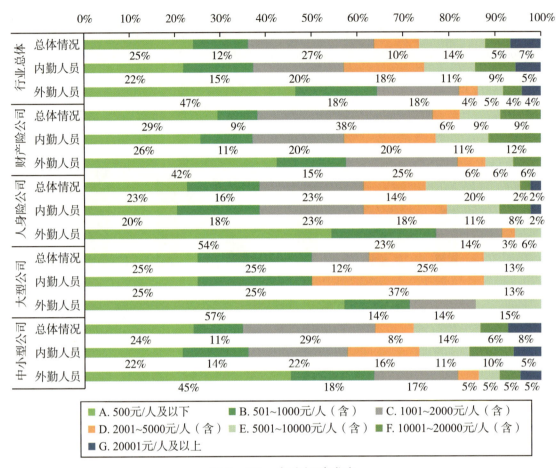

图 3-31 人均招聘成本

3.4.2 应届生人员管理

3.4.2.1 应届生留存率

近年来保险公司应届生入职人数稳步提高，不同险种、不同规模的公司与行业总体基本保持一致。从行业总体来看，2015 年应届生入职后 1 年的留存率为 81.5%，2 年的留存率为 66.9%，3 年的留存率约为 52.3%；对比不同险种公司，财产险公司的应届生留存率略低于人身险公司；对比不同规模公司，大型公司的留存率高于中小型公司。应届生留存率详见图 3-32。

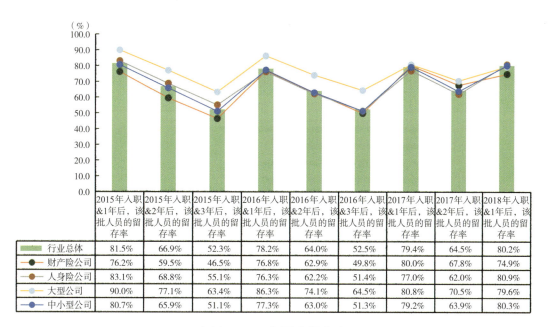

	2015年入职&1年后，该批人员的留存率	2015年入职&2年后，该批人员的留存率	2015年入职&3年后，该批人员的留存率	2016年入职&1年后，该批人员的留存率	2016年入职&2年后，该批人员的留存率	2016年入职&3年后，该批人员的留存率	2017年入职&1年后，该批人员的留存率	2017年入职&2年后，该批人员的留存率	2018年入职&1年后，该批人员的留存率
行业总体	81.5%	66.9%	52.3%	78.2%	64.0%	52.5%	79.4%	64.5%	80.2%
财产险公司	76.2%	59.5%	46.5%	76.8%	62.9%	49.8%	80.0%	67.8%	74.9%
人身险公司	83.1%	68.8%	55.1%	76.3%	62.2%	51.4%	77.0%	62.0%	80.9%
大型公司	90.0%	77.1%	63.4%	86.3%	74.1%	64.5%	80.8%	70.5%	79.6%
中小型公司	80.7%	65.9%	51.1%	77.3%	63.0%	51.3%	79.2%	63.9%	80.3%

图 3-32　应届生留存率

3.4.2.2　总部校园招聘各序列人员情况

在本科学历应届生方面，入职到各序列的人数占比依次为：核保核赔占比 24%，业务管理占比 24.5%，信息技术占比 12.1%，保险科技占比 11.7%，客户服务管理占比 8.3%，销售（非代理）占比 5%，财务管理占比 4.2%，办公行政管理占比 3.3%，人力资源管理占比 2.3%，精算（含产品、研发）占比 1.5%，风险合规占比 1.5%，资产负债管理占比 1%，投资管理占比 0.6%。在硕士研究生学历应届生方面，入职到各序列的人数占比依次为：核保核赔占比 8.2%，精算（含产品、研发）占比 10.3%，信息技术占比 15.5%，业务管理占比 15.1%，保险科技占比 13.1%，投资管理占比 10.4%，财务管理占比 7.3%，风险合规占比 6.5%，销售（非代理）占比 3.4%，客户服务管理占比 2.9%，人力资源管理占比 2.9%，资产负债管理占比 2.0%，办公行政管理占比 1.5%，教育培训占比 0.9%。

3.4.2.3　应届生起薪差异化情况

从行业总体来看，参与调研的保险公司对"双一流"院校的应届生实施差异化起薪的公司占比最高，为 45%；对比不同险种公司，财产险公司对应届生实施差异化起薪的占比低于人身险公司，人身险公司对"双一流"院校应届生实施差异化起薪的公司占比为 64%，人身险公司中根据对口专业实施应届生差异化起薪的公司占比为 46%；对比不同规模公司，大型公司中实施应届生差异化起薪的占比低于中小型公司。应届生差异化起薪情况详见图 3 - 33。

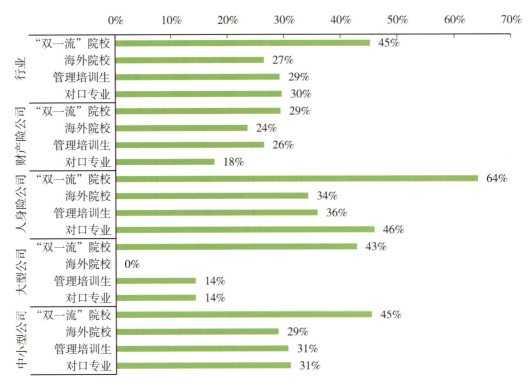

图 3 - 33　应届生差异化起薪情况

3.4.3　案例：泰康人寿——应届生人才培养

泰康人寿"千人计划"是其重要的人才储备培养计划。该计划旨在为校招人才搭建完善的培养机制，提供更好的发展平台，为人才更好的发展奠定土壤和基础。公司每年会定期组织不同阶段培训课程，从机制与课程设计上给予全面支持，使"千人计划"伙伴得到快速成长。

"千人计划"主要的举措包括两年三阶段的培训项目、轮岗锻炼、导师制等。

两年三阶段的集中培训分为开泰、鸿泰、永泰三个培训项目。每个培训项目为期 1 周左右，通过在 2 年内完成 3 个培训项目，可以很好地对应届生进行企业文化宣贯、格局视野拓展、素质提升等。

目前，公司已经形成良好氛围与充分共识，各层级干部、员工都深刻认同"千人计划"。"千人计划"促进员工完成从校园人到职业人的转变，并激励员工在岗位中取得良好绩效，有效留存优秀新员工，为员工更好的发展奠定了土壤和基础。

同时，泰康针对年轻员工的特点，采取新型的管理模式，充分发挥他们的优势：

第一，鼓励年轻员工创新思维，并提供一切平台鼓励创造力。

第二，管理者会给年轻员工更多的认可和关注，在企业内营造彼此尊重、平等、包容的文化氛围。

第三，全面建立具有泰康特色的人才培养体系，针对不同的员工设置不同培养计划。

第四，不断完善内部的职业发展通道，为年轻员工提供职业发展的机会，并定期为他们开展提升自我能力的培训。

在对优秀人才的激励方面，泰康将高绩效员工纳入员工长期激励范围，奖励高绩效和高忠诚度的优秀员工。同时，针对高绩效员工，泰康会给予超过平均绩效员工的高额年终奖金分配、快速的晋升机会与调薪机制以激励优秀人才，提高留存率与工作满意度。

第3.5节　保险公司人才流动

本节以保险行业人才流动为主题，内容涵盖 2016～2019 年行业总体及各序列员工主动离职率、主动离职员工结构、离职原因分析以及内部人才流动机制。

3.5.1　员工主动离职率

3.5.1.1　2016～2019 年员工主动离职率

从行业总体来看，2019 年主动离职率为 17.12%，对比 2018 年的 13.32% 提高了约 4%。对比不同险种公司，财产险公司主动离职率较低，为 11.83%，人身险公司主动离职率为 20.07%。2016～2019 年员工主动离职率详见图 3－34。

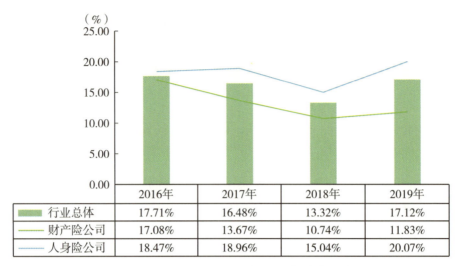

	2016年	2017年	2018年	2019年
行业总体	17.71%	16.48%	13.32%	17.12%
财产险公司	17.08%	13.67%	10.74%	11.83%
人身险公司	18.47%	18.96%	15.04%	20.07%

图 3 - 34　2016 ~ 2019 年员工主动离职率

3.5.1.2　各序列员工主动离职率

从分序列来看，2016 ~ 2019 年管理序列主动离职率有所提高，专业序列主动离职率 2016 ~ 2018 年逐年降低，2019 年有所回升；对比不同险种公司，财产险公司管理序列主动离职率以 2018 年为转折点先降再升，专业序列主动离职率至 2018 年均逐年下降，2019 年回升；人身险公司管理序列主动离职率至 2018 年均逐年下降，2019 年回升，专业序列主动离职率则呈波动状态。管理序列与专业序列主动离职率详见表 3 - 13。

表 3 - 13　　　　　　　　管理序列与专业序列主动离职率　　　　　　　　单位：%

险种	2016 年		2017 年		2018 年		2019 年	
	管理序列	专业序列	管理序列	专业序列	管理序列	专业序列	管理序列	专业序列
行业总体	9.42	19.18	9.44	17.65	9.02	14.48	10.08	17.46
财产险公司	5.15	18.88	4.84	14.91	8.16	11.37	9.00	14.28
人身险公司	12.90	19.57	12.54	20.17	9.98	16.55	10.99	21.64

历年离职率最高的序列一直是销售（非代理）人员。除此之外，从主要中台序列看，2019 年离职率排名前三位的序列是投资管理、销售管理及支持、核赔核保－两核，分别为 14.62%、14.46%、12.77%。2018 年离职率排名前三位的序列是精算（含产品、研发）、销售管理及支持、信息技术，分别为 13.38%、13.00%、10.40%。2016 ~ 2019 年各序列主动离职率——行业总体详见表 3 - 14。

表 3 - 14 　　　　　2016 ~ 2019 年各序列主动离职率——行业总体　　　　单位：%

行业总体	2016 年	2017 年	2018 年	2019 年
核心层管理者	7.64	4.08	4.71	4.94
高层管理者	2.39	1.23	6.00	6.49
中层管理者	8.01	6.91	7.53	8.01
基层管理者	12.95	12.33	10.23	9.91
销售（非代理）- 寿险销售人员	23.99	22.98	17.02	34.69
销售（非代理）- 财产险销售人员				16.49
销售管理及支持	9.01	10.29	13.00	14.46
精算（含产品、研发）	18.47	14.20	13.38	9.89
投资管理	14.98	11.75	8.86	14.62
核保核赔 - 两核	8.23	9.57	9.84	12.77
客户服务管理	12.19	8.08	8.66	11.13
信息技术	10.73	11.06	10.40	9.73

　　财产险公司 2019 年离职率排名前三位的序列是客户服务管理、投资管理、销售管理及支持。2018 年离职率排名前三位的序列是销售管理及支持、精算（含产品、研发）、信息技术。2016 ~ 2019 年各序列主动离职率——财产险公司详见表 3 - 15。

表 3 - 15 　　　　　2016 ~ 2019 年各序列主动离职率——财产险公司　　　　单位：%

财产险公司	2016 年	2017 年	2018 年	2019 年
核心层管理者	5.39	4.55	4.13	5.29
高层管理者	1.42	0.77	5.69	6.12
中层管理者	7.92	8.12	6.54	6.28
基层管理者	7.62	7.09	9.19	8.82
销售（非代理）- 财产险销售人员	—	—	—	17.47
销售管理及支持	10.79	9.88	17.68	11.70
精算（含产品、研发）	17.17	12.50	13.33	10.79
投资管理	14.22	13.07	9.60	12.30
核保核赔 - 两核	8.15	9.55	9.30	10.58
客户服务管理	14.27	9.50	7.36	12.59
信息技术	7.35	10.75	10.25	10.53

　　人身险公司 2019 年离职率排名前三位的序列是投资管理、销售管理及支持、核保核赔 - 两核。2018 年离职率排名前三位的是精算（含产品、研发）、销售管理及支持、核保核赔 - 两核。2016 ~ 2019 年各序列主动离职率——人身险公司详见表 3 - 16。

表 3 – 16   2016～2019 年各序列主动离职率——人身险公司   单位：%

人身险公司	2016 年	2017 年	2018 年	2019 年
核心层管理者	10.91	3.33	5.78	5.35
高层管理者	7.76	4.98	7.09	7.43
中层管理者	7.94	4.91	8.40	10.78
基层管理者	14.99	13.82	11.22	11.33
销售（非代理）- 寿险销售人员	—	—	—	34.69
销售管理及支持	8.51	10.42	12.13	17.26
精算（含产品、研发）	18.96	14.58	13.80	10.55
投资管理	16.56	10.34	11.15	17.31
核保核赔 - 两核	8.8	9.69	12.09	14.38
客户服务管理	9.07	6.59	10.93	10.58
信息技术	16.55	11.42	11.12	9.65

3.5.2 主动离职员工结构分析

从职级分布来看，行业总体离职人员中 L1～L2 职级占比最高；其中，财产险公司中 L3～L4 职级占比最高，略高于 L1～L2 职级。各职级离职人员分布详见表 3 – 17。

表 3 – 17   各职级离职人员分布   单位：%

职级	行业总体	财产险公司	人身险公司
L1～L2 级	64.28	47.17	90.29
L3～L4 级	34.73	51.86	8.72
L5～L6 级	1.00	0.98	0.99

从司龄分布来看，离职人员中司龄 3 年以下占比最高；不同险种公司与行业总体分布基本一致。各司龄离职人员分布详见表 3 – 18。

从学历分布来看，离职人员中大专及以下学历占比最高。其中，人身险公司中，离职人员本科学历占比最高，大专及以下学历占比次之。各学历离职人员分布详见表 3 – 19。

表 3 – 18　　　　　　　　　　　各司龄离职人员分布　　　　　　　　　　单位：%

司龄	行业总体	财产险公司	人身险公司
3 年以下	70. 43	66. 61	75. 07
3 ~ 5 年	17. 20	18. 81	15. 15
6 ~ 10 年	8. 94	10. 71	6. 87
10 年以上	3. 43	3. 87	2. 91

表 3 – 19　　　　　　　　　　　各学历离职人员分布　　　　　　　　　　单位：%

学历	行业总体	财产险公司	人身险公司
大专及以下	49. 25	58. 84	38. 72
本科	47. 06	38. 79	56. 50
研究生及以上	3. 70	2. 36	4. 78

从年龄分布来看，行业总体离职人员中年龄 26 ~ 35 岁占比最高，25 岁及以下占比次之，36 ~ 45 岁人员占比略低，46 岁及以上人员占比最低；不同险种公司与行业总体基本一致。各年龄段离职人员分布详见表 3 – 20。

表 3 – 20　　　　　　　　　　　各年龄段离职人员分布　　　　　　　　　　单位：%

年龄	行业总体	财产险公司	人身险公司
25 岁及以下	17. 14	19. 80	14. 09
26 ~ 35 岁	59. 95	61. 96	57. 38
36 ~ 45 岁	16. 85	13. 40	21. 00
46 岁及以上	6. 05	4. 84	7. 53

3.5.3　离职原因分析

3.5.3.1　主动离职原因分析

参与调研的公司，员工主动离职原因排名前四位的是：（1） 对职业发展路径规划不满；（2） 薪酬竞争力不足被同行高薪挖角；（3） 追求家庭与工作平衡；（4） 不适应公司文化或管理风格。选择其他的原因主要包含：个人发展或家庭原因。不同险种与类型公司主动离职原因详见图 3 – 35。

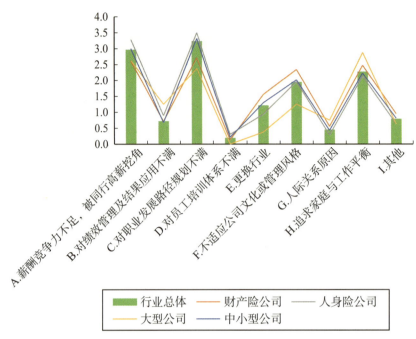

图 3 - 35   主动离职原因

3.5.3.2   被动离职原因分析

从行业总体来看，被动离职的最主要原因为"绩效结果常年不良"。不同险种公司的情况与行业总体基本保持一致。被动离职原因详见图 3 - 36。

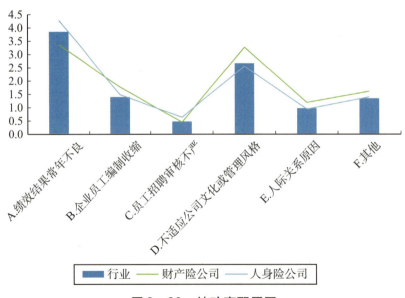

图 3 - 36   被动离职原因

3.5.4　内部人才流动机制

从行业总体来看，约 85% 的参与调研保险公司表示设有内部人才流动机制。约 57% 的参与调研保险公司表示可以进行公司内部空缺岗位查询。不同险种公司与行业总体基本保持一致。

满足任职资格要求是内部人才流动的首要门槛要求；不同险种公司与行业总体基本保持一致。内部人才流动门槛详见图 3–37。

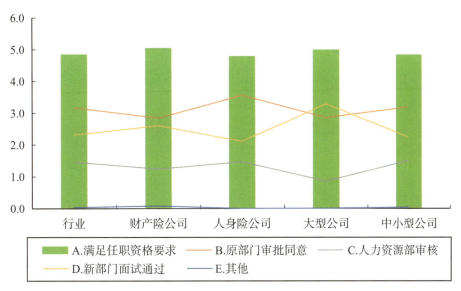

图 3–37　内部人才流动门槛要求

3.5.5　案例：商联保险——领导者发掘与培养*

商联保险集团（CGNU）是英国最大的综合保险集团。早在 1861 年集团便在国际市场上创办了自己的第一家海外业务，之后集团积极设立海外办事处并辅之以遍及全球的保险服务，寿险与非寿险比重得当，由此形成全球经营统一的现代化保险业务，并使商联保险（CGNU）成为全世界业务范围最广、经验最丰富的保险公司之一。

商联保险集团（CGNU）一直主张"我们的员工是我们业务的核心"，近年来持续建立数字化、终身学习的文化，并通过人员培训、教练等提升人才队伍能

＊ 资料来源：商业联盟保险公司企业年报。

力，建设人才梯队。2019 年，商联保险集团（CGNU）在全球推出"引领增长"计划。目前已经有超过 2000 名领导人通过这个项目接受了领导力培训。同时，商联保险集团（CGNU）还推出了一个新的人才项目，旨在职业生涯早期发现并培养潜在的领导者。在全球共有 134 个名额，并已经收到超过 1000 份的项目参与申请。

在教练能力提升方面，商联保险集团（CGNU）一直在建立和发展一个专业的内部教练团队。目前，全球教练团队有 100 多位"超越工作岗位"的教练，为组织提供宝贵的支持和挑战，以提高员工的工作表现。

第 3.6 节 保险行业绩效管理

本节以保险公司绩效管理为主题，内容涵盖了绩效管理体系建设情况、绩效管理周期、管理层及主要专业序列绩效管理指标、绩效结果的应用、绩效等级与年度奖金和年度调薪的挂钩情况、业绩调薪及晋升调薪的调薪比例。

3.6.1 绩效管理体系

3.6.1.1 绩效管理体系建设情况及目的

从行业总体来看，77% 的公司建立了绩效管理体系，另有 18% 的公司认为绩效管理体系初步建立但是还需要完善；不同险种公司与行业总体基本保持一致；对比不同规模公司，大型公司均已建立比较完善的绩效管理体系。

从行业总体来看，建立绩效管理体系的目的依次是：落实组织发展战略、进行考核分配、促进人员能力的辅导提升、有效监控风险、引导组织氛围与文化、促进组织内部有效沟通；不同险种、不同规模公司与行业总体基本保持一致。

3.6.1.2 绩效管理流程实施情况评价

从行业总体来看，参与调研保险公司对绩效管理的"目标设定""终期考核""结果兑现"环节认可程度分数较高，相对而言"过程辅导、中期回顾"的认可度分数偏低。不同险种、不同规模公司与行业总体基本保持一致。绩效管理流程实践认可度情况详见图 3 – 38。

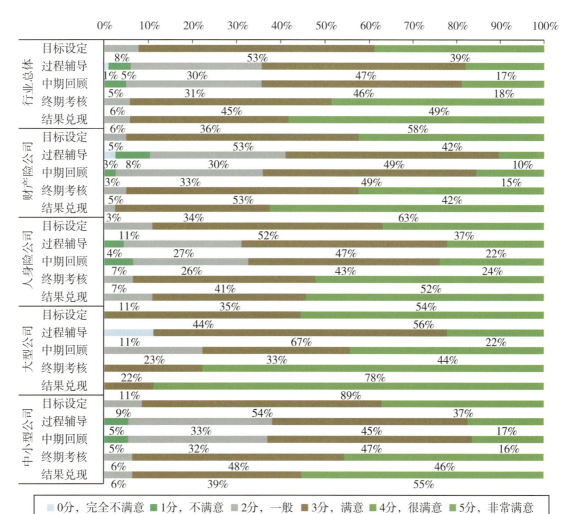

图 3-38　绩效管理流程实践认可度情况

3.6.1.3　绩效管理组织实施

从行业总体来看，个人绩效管理主要由人力资源部门组织实施，占比为 80%，公司绩效主要由战略、人力、财务等与部门合作确定，占比为 47%；对比不同险种公司，财产险公司的公司绩效管理"由人力资源部门负责组织实施"的占比低于人身险公司；对比不同规模公司，大型公司个人绩效管理"由人力资源部门负责组织实施"的占比高于中小型公司。绩效管理组织实施情况详见图 3-39。

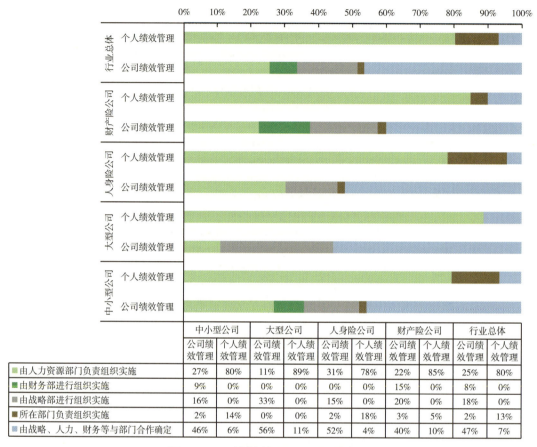

		中小型公司		大型公司		人身险公司		财产险公司		行业总体	
		公司绩效管理	个人绩效管理	公司绩效管理	个人绩效管理	公司绩效管理	个人绩效管理	公司绩效管理	个人绩效管理	公司绩效管理	个人绩效管理
■	由人力资源部门负责组织实施	27%	80%	11%	89%	31%	78%	22%	85%	25%	80%
■	由财务部进行组织实施	9%	0%	0%	0%	0%	0%	15%	0%	8%	0%
■	由战略部进行组织实施	16%	0%	33%	0%	15%	0%	20%	0%	18%	0%
■	所在部门负责组织实施	2%	14%	0%	0%	2%	18%	3%	5%	2%	13%
■	由战略、人力、财务等与部门合作确定	46%	6%	56%	11%	52%	4%	40%	10%	47%	7%

图 3 –39　绩效管理组织实施情况

　　从行业总体来看，个人绩效目标的分解和调整主要由员工个人所在部门负责，占比为 66%；公司绩效目标的分解和调整主要由战略、人力、财务等与部门合作确定，占比为 67%。不同险种、不同规模公司与行业总体基本保持一致。绩效目标分解和调整情况详见图 3 –40。

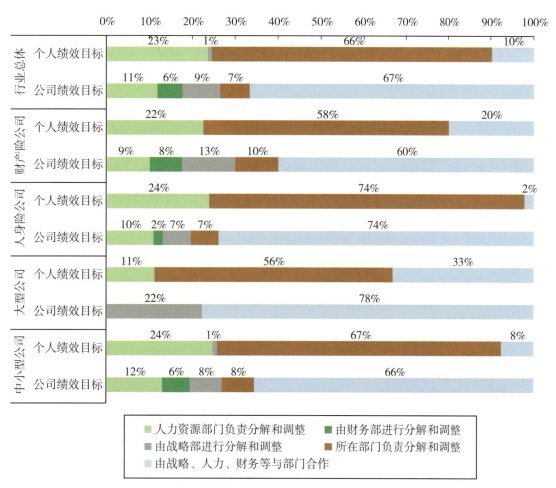

图 3-40　绩效目标分解和调整情况

3.6.1.4　绩效管理周期

从行业总体来看，38% 的分公司班子成员的考核周期低于一年，销售（非代理）的考核周期以月度和年度为主，占比 60%，非销售序列考核周期以年度为主，占比约为 60%。

对比不同险种公司，人身险公司各序列人员的考核周期情况与行业总体基本一致，财产险公司各序列人员的考核周期相比行业总体更为频繁，考核周期为季度和半年度的占比约为 40%。不同险种公司考核周期详见图 3－41～图 3－43。

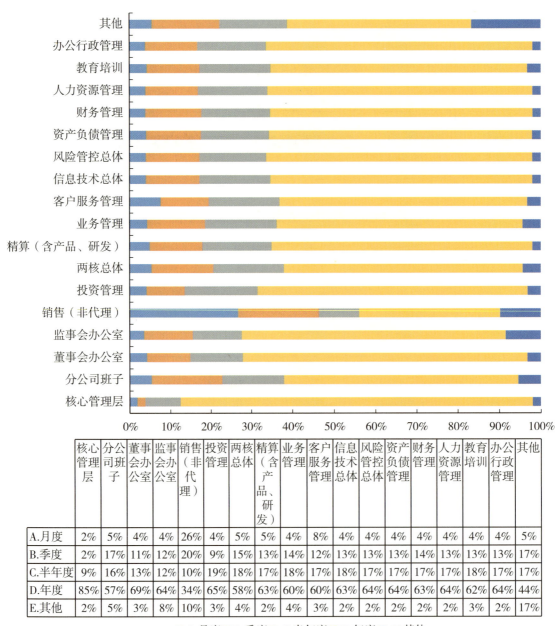

	核心管理层	分公司班子	董事会办公室	监事会办公室	销售（非代理）	投资管理	两核总体	精算（含产品、研发）	业务管理	客户服务管理	信息技术总体	风险管控总体	资产负债管理	财务管理	人力资源管理	教育培训	办公行政管理	其他
A.月度	2%	5%	4%	4%	26%	4%	5%	5%	4%	8%	4%	4%	4%	4%	4%	4%	4%	5%
B.季度	2%	17%	11%	12%	20%	9%	15%	13%	14%	12%	13%	13%	13%	14%	13%	13%	13%	17%
C.半年度	9%	16%	13%	12%	10%	19%	18%	17%	18%	17%	18%	17%	17%	17%	17%	18%	17%	17%
D.年度	85%	57%	69%	64%	34%	65%	58%	63%	60%	60%	63%	64%	64%	63%	64%	62%	64%	44%
E.其他	2%	5%	3%	8%	10%	3%	4%	2%	4%	3%	2%	2%	2%	2%	2%	3%	2%	17%

■ A.月度 ■ B.季度 ■ C.半年度 ■ D.年度 ■ E.其他

图 3－41　考核周期——行业总体

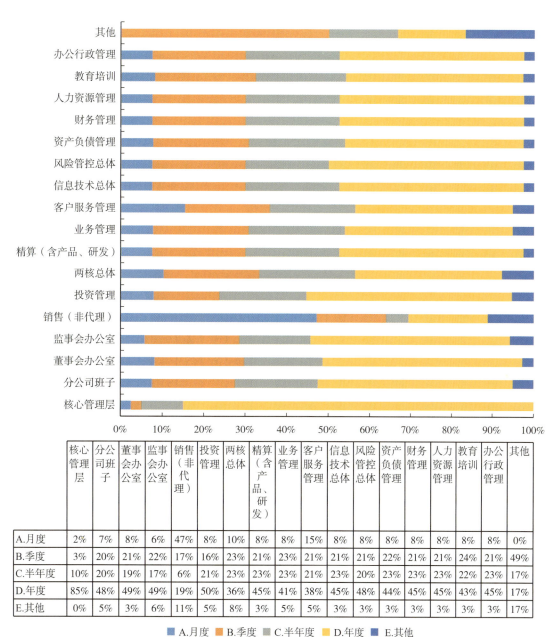

	核心管理层	分公司班子	董事会办公室	监事会办公室	销售（非代理）	投资管理	两核总体	精算（含产品、研发）	业务管理	客户服务管理	信息技术总体	风险管控总体	资产负债管理	财务管理	人力资源管理	教育培训	办公行政管理	其他
A.月度	2%	7%	8%	6%	47%	8%	10%	8%	8%	15%	8%	8%	8%	8%	8%	8%	8%	0%
B.季度	3%	20%	21%	22%	17%	16%	23%	21%	23%	21%	21%	21%	22%	21%	21%	24%	21%	49%
C.半年度	10%	20%	19%	17%	6%	21%	23%	23%	23%	21%	23%	20%	23%	23%	23%	22%	23%	17%
D.年度	85%	48%	49%	49%	19%	50%	36%	45%	41%	38%	45%	48%	44%	45%	45%	43%	45%	17%
E.其他	0%	5%	3%	6%	11%	5%	8%	3%	5%	5%	3%	3%	3%	3%	3%	3%	3%	17%

■ A.月度　■ B.季度　■ C.半年度　■ D.年度　■ E.其他

图 3-42　考核周期——财产险公司

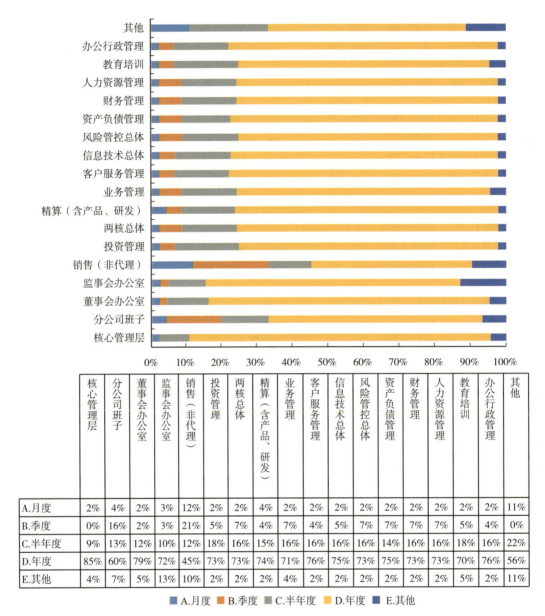

	核心管理层	分公司班子	董事会办公室	监事会办公室	销售（非代理）	投资管理	两核总体	精算（含产品、研发）	业务管理	客户服务管理	信息技术总体	风险管控总体	资产负债管理	财务管理	人力资源管理	教育培训	办公行政管理	其他
A.月度	2%	4%	2%	3%	12%	2%	2%	4%	2%	2%	2%	2%	2%	2%	2%	2%	2%	11%
B.季度	0%	16%	2%	3%	21%	5%	7%	4%	7%	4%	5%	7%	7%	7%	7%	5%	4%	0%
C.半年度	9%	13%	12%	10%	12%	18%	16%	15%	16%	16%	16%	16%	14%	16%	16%	18%	16%	22%
D.年度	85%	60%	79%	72%	45%	73%	73%	74%	71%	76%	75%	73%	75%	73%	73%	70%	76%	56%
E.其他	4%	7%	5%	13%	10%	2%	2%	2%	4%	2%	2%	2%	2%	2%	2%	5%	2%	11%

■ A.月度　■ B.季度　■ C.半年度　■ D.年度　■ E.其他

图 3-43　考核周期——人身险公司

3.6.2　绩效管理指标

对管理者及各专业序列人员的主要绩效考核指标选用情况如下。

核心层管理者：考核指标选用排名前三依次为保费达成指标、利润指标、风险合规类指标。

　　分支机构班子：考核指标选用排名前三依次为保费达成指标、承保利润指标、风险合规类指标。

　　销售（非代理）序列：考核指标选用排名前三依次为保费达成率指标、保费收入指标、保费结构指标。从过去三年的情况看，销售（非代理）序列主要考核指标基本没有变化，"保费达成率指标"和"保费收入指标"一直排名前两位。

　　投资管理序列：考核指标选用排名前三依次为投资收益指标、风险合规类指标、项目管理指标。从过去三年的情况看，投资管理序列主要考核指标基本没有变化，"投资收益类指标"一直是该序列最主要的考核指标。

　　核保管理序列：考核指标选用排名前三依次为时效指标、合规指标、差错率指标。从过去三年的情况看，核保管理序列主要考核指标略有变化，原排名第二位的"时效指标"在 2018 年上升至第一位。原排名第一位的"合规指标"在 2018 年下降至第二位；2019 年指标排名与 2018 年相比无变化。

　　理赔管理序列：考核指标选用排名前三依次为赔付率指标、估损偏差指标、立案结案时效指标。从过去三年的情况看，理赔管理序列主要考核指标略有变化，自 2018 年"赔付率指标"排名上升到第一位，2019 年估损偏差指标上升至第二位。

　　精算序列：考核指标选用排名前三依次为准备金管理指标、产品管理类指标、偿付能力指标。从过去三年的情况看，精算序列主要考核指标略有变化，2018 年和 2019 年排名前两位的是"准备金管理指标"和"产品管理类指标"；2017 年排名前两位的是"偿付能力指标"和"准备金管理指标"。

　　业务管理序列：考核指标选用排名前三依次为保费达成率指标、保费收入指标、保费继续率指标。从过去三年的情况看，业务管理序列主要考核指标略有变化。2018 年和 2019 年排名前两位的是"保费达成率指标"和"保费收入指标"，2017 年排名第二位的是"保费继续率指标"。

　　客户服务管理序列：考核指标选用排名前三依次为考核投诉类指标、客户满意度指标、回访成功率指标。从过去三年的情况看，客户服务管理序列主要考核指标基本没有变化。"考核投诉类指标"和"客户满意度指标"一直排名前两位。

　　信息技术数据序列：考核指标选用排名前三依次为准确性指标、计划达成类指标、及时性指标。从过去三年的情况看，信息技术数据序列主要考核指标略有变化，2018 年排名前两位的是"准确性指标"和"及时性指标"，2019 年"计划达成类指标"超越"及时性指标"排名上升至第二位。

信息技术开发序列：考核指标选用排名前三依次为计划达成类指标、系统运行类指标、安全稳定性指标。从过去三年的情况看，信息技术开发序列主要考核指标基本没有变化，排名前两位的一直是"计划达成类指标"和"系统运行类指标"。

风险合规序列：考核指标选用排名前三依次为风险发生类指标、整改率指标、覆盖率指标。从过去三年的情况看，风险合规序列主要考核指标略有变化，排名第一位的一直是"风险发生类指标"，第二位由"覆盖率指标"转变成 2019 年的"整改率指标"。

法律事务序列：考核指标选用排名前三依次为及时性指标、责任事件指标、案件处理类指标。从过去三年的情况看法律事务序列主要考核指标略有变化，2018 年和 2019 年排名前两位的是"及时性指标"和"责任事件指标"，2017 年排名前两位的是"责任事件指标"和"案件处理类指标"。

稽核内审序列：考核指标选用排名前三依次为计划达成类指标、整改率指标、覆盖率指标。从过去三年的情况看，稽核内审序列主要考核指标基本没有变化，排名前两位的一直是"计划达成类指标"和"整改率指标"。

财务管理序列：考核指标选用排名前三依次为核算类指标、报表报送类指标、会计科目管理类指标。从过去三年的情况看，财务管理序列主要考核指标基本没有变化，排名前两位的一直是"核算类指标"和"报表报送类指标"。

人力资源管理序列：考核指标选用排名前三依次为人力成本类指标、招聘成效指标、薪酬绩效类指标。从过去三年的情况看，人力资源管理序列主要考核指标基本没有变化，排名前两位的一直是"人力成本类指标"和"招聘成效指标"。

教育培训序列：考核指标选用排名前三依次为计划完成类指标、覆盖率指标、培训效果指标。从过去三年的情况看，教育培训序列主要考核指标基本没有变化，排名前两位的一直是"计划完成类指标"和"覆盖率指标"。

办公行政管理序列：考核指标选用排名前三依次为行政后勤管理类指标、宣传品牌管理类指标、办公会议类指标。从三年的情况看，办公行政管理序列指标略有变化，2019 年"宣传品牌管理类指标"成为第二位，"办公会议类指标"降为第三位。

3.6.3　绩效结果应用

3.6.3.1　个人绩效结果等级

从行业总体来看，参与调研保险公司将个人绩效结果等级划分为 5 级的占比最高。个人绩效结果等级情况详见表 3 – 21。

表 3 –21　　　　　　　　　个人绩效结果等级情况　　　　　单位：%

等级划分	行业总体	财产险公司	人身险公司
3 级	2.9	5.1	3.2
4 级	13.7	15.4	14
5 级	57.8	53.8	59.1
6 级及以上	25.5	25.6	23.9

3.6.3.2　绩效结果强制分布情况

从行业总体来看，约87%的参与调研保险公司进行绩效结果强制分布[1]；不同险种、不同规模公司与行业总体基本保持一致。

3.6.3.3　个人绩效等级分布

在员工绩效等级分布方面，67%的参与调研保险公司表示个人绩效最高等级的占比在 15% 以下，13% 的公司表示该比例在 20% 以下。

而对于个人绩效最低等级员工占全体员工比例，68%的参与调研保险公司表示该比例在 10% 以下，24% 的公司表示无强制要求。

不同险种公司无明显差异。个人绩效最高、最低等级分布情况详见表 3 – 22、表 3 – 23。

表 3 –22　　　　　　　　　个人绩效最高等级分布情况　　　　　单位：%

个人绩效最高等级占比	行业总体	财产险公司	人身险公司
15% 以下	67	67	67
20% 以下	13	21	9
30% 以下	15	8	18
40% 以下	1	0	2
无强制要求	4	5	4

---

① 数值来源：问卷调查结果。

表 3 -23   个人绩效最低等级分布情况   单位：%

个人绩效最低等级占比	行业总体	财产险公司	人身险公司
10% 以下	68	62	75
15% 以下	6	10	2
20% 以下	2	3	2
25% 以下	0	0	0
无强制要求	24	25	20

3.6.3.4 绩效结果应用

在绩效结果应用方面，参加调研保险公司绩效结果主要与年度奖金、员工薪酬调整和员工职级晋升挂钩。不同险种公司与行业总体基本保持一致。绩效结果应用情况详见表 3 -24。

表 3 -24   绩效结果应用情况   单位：%

绩效结果应用方面	行业总体	财产险公司	人身险公司
与当年度奖金（浮动薪酬）挂钩	105	110	102
与薪酬调整挂钩	93	95	96
与职位晋升调整挂钩	97	95	96
与人才盘点、培养及发展挂钩	70	67	4
与中长期激励挂钩	28	31	0
其他	1	67	0

3.6.3.5 绩效等级与年度奖金系数挂钩情况

在个人最高绩效等级与年度奖金系数挂钩方面，行业 36% 的参与调研保险公司表示个人最高绩效等级挂钩的年度奖金系数在 1.2 ~ 1.5 倍的区间，另有 27% 的公司表示此挂钩系数在 1.5 ~ 2 倍的区间；对比参与调研的不同险种公司，财产险公司中此挂钩系数在 1.5 ~ 2 倍的区间占比更高，人身险公司中此挂钩系数在 1.2 ~ 1.5 倍的区间占比更高；对比不同规模公司，大型公司较中小型公司此挂钩系数在 1.5 ~ 2 倍的区间占比更高。

在个人最低绩效等级与年度奖金系数挂钩方面，行业 62% 的参与调研保险公司表示个人绩效最低绩效等级挂钩的年度奖金系数为 0，占比最大；对比不同险种公司，此挂钩系数为 0 的财产险公司占比低于人身险公司；对比不同规模公司，此挂钩系数为 0 的大型公司占比略高。

个人最高、最低绩效等级与年度奖金系数挂钩情况详见图3-44、图3-45。

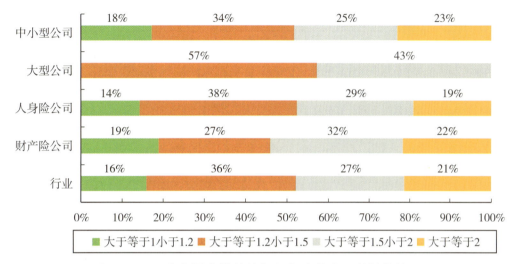

图3-44 个人最高绩效等级与年度奖金系数挂钩情况

图3-45 个人最低绩效等级与年度奖金系数挂钩情况

3.6.3.6 个人奖金系数与组织绩效挂钩情况

从行业总体来看，参与调研保险公司表示组织绩效主要影响奖金总包额度，另外，组织绩效与个人绩效也会以加权或连乘的形式影响员工个人奖金水平。个人奖金系数与组织绩效挂钩情况详见表3-25。

表 3 - 25 个人奖金系数与组织绩效挂钩情况 单位：%

组织与个人绩效	行业总体	财产险公司	人身险公司
不挂钩	4	3	6
组织绩效影响奖金总包额度	42	41	45
组织绩效与个人绩效等级系数加权计算最终奖金系数	24	30	19
组织绩效与个人绩效等级系数连乘计算最终奖金系数	27	23	27
其他	3	3	3

3.6.3.7　个人绩效等级与年度薪酬调整挂钩情况

在个人绩效结果与薪酬调整方面，23%的参与调研保险公司表示个人绩效结果需获得当年第二高绩效等级或以上方可获得薪酬调整；对比不同险种公司，财产险公司中"当年度获得第二高绩效等级或以上获得调薪"的占比低于人身险公司；对比不同规模公司，中小型公司中"当年度获得第二高绩效等级或以上获得调薪"的占比高于大型公司。个人绩效等级与年度薪酬调整挂钩情况详见表 3 - 26。

表 3 - 26 个人绩效等级与年度薪酬调整挂钩情况 单位：%

调薪条件	行业总体	财产险公司	人身险公司	大型公司	中小型公司
当年度获得最高绩效等级获得调薪	12	14	9	0	13
当年度获得第二高绩效等级或以上获得调薪	23	14	36	11	24
连续两年获得最高绩效等级获得调薪	1	3	0	0	1
连续两年获得第二高绩效等级	4	5	2	11	3
其他	60	64	53	78	59

3.6.3.8　薪酬调整幅度与实际调薪率

当员工业绩达成目标后，81%的参与调研保险公司将会对员工进行 0 ~ 10% 幅度的业绩调薪，当员工业绩达到晋升要求后，44%的参与调研保险公司将会对员工进行 10% ~ 15% 幅度的晋升调薪；不同险种、不同规模公司与行业总体基本保持一致。薪酬调整幅度详见图 3 - 46。

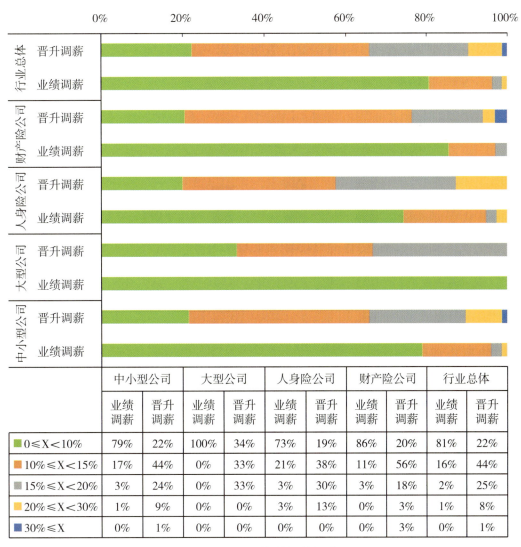

		中小型公司		大型公司		人身险公司		财产险公司		行业总体	
		业绩调薪	晋升调薪	业绩调薪	晋升调薪	业绩调薪	晋升调薪	业绩调薪	晋升调薪	业绩调薪	晋升调薪
■	0≤X<10%	79%	22%	100%	34%	73%	19%	86%	20%	81%	22%
■	10%≤X<15%	17%	44%	0%	33%	21%	38%	11%	56%	16%	44%
■	15%≤X<20%	3%	24%	0%	33%	3%	30%	3%	18%	2%	25%
■	20%≤X<30%	1%	9%	0%	0%	3%	13%	0%	3%	1%	8%
■	30%≤X	0%	1%	0%	0%	0%	0%	0%	3%	0%	1%

图 3-46　薪酬调整幅度

在员工实际调薪率方面，从行业总体来看，实际业绩调薪率的 50 分位值为 5.0%，实际晋升调薪率的 50 分位值为 5.0%；对比不同险种公司，财产险公司实际晋升调薪率 50 分位值低于人身险公司，实际业绩调薪率 50 分位值与人身险公司持平；对比不同规模公司，大型公司平均实际业绩调薪率和评价实际晋升调薪率均低于中小型公司。实际业绩调薪率和实际晋升调薪率详见图 3-47、图 3-48。

3.6.3.9　绩效管理面临的挑战

从行业总体来看，绩效管理面临的前三大挑战分别是："绩效等级强制分布排序真正落地，避免轮流坐庄""对于中、后台职能条线的工作难以量化考核""如何

（%）	行业总体	财产险公司	人身险公司	大型公司	中小型公司
■ 平均值	5.3%	6.3%	4.8%	3.2%	5.6%
─●─ P75	6.0%	6.9%	5.5%	3.8%	6.8%
─●─ P50	5.0%	5.0%	5.0%	3.1%	5.0%
─●─ P25	3.0%	3.2%	3.5%	2.6%	3.2%

图 3-47　实际业绩调薪率

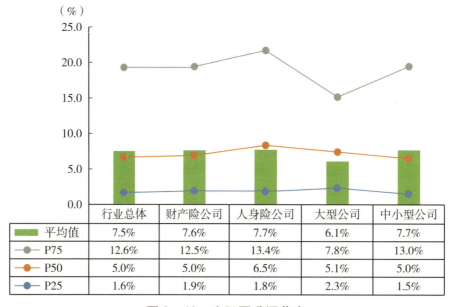

（%）	行业总体	财产险公司	人身险公司	大型公司	中小型公司
■ 平均值	7.5%	7.6%	7.7%	6.1%	7.7%
─●─ P75	12.6%	12.5%	13.4%	7.8%	13.0%
─●─ P50	5.0%	5.0%	6.5%	5.1%	5.0%
─●─ P25	1.6%	1.9%	1.8%	2.3%	1.5%

图 3-48　实际晋升调薪率

利用绩效管理工具在公司建立绩效文化"；不同险种公司与行业总体基本保持一致。对比不同规模公司，大型公司面临的最大挑战是"由于市场的不确定性，绩效指标目标值难以确定""对于中、后台职能条线的工作难以量化考核""绩效等级强制分布排序真正落地，避免轮流坐庄"，而中小型公司面临最大的挑战则是"由于市场的不确定性，绩效指标目标值难以确定"。绩效管理面临的挑战详见图 3 - 49。

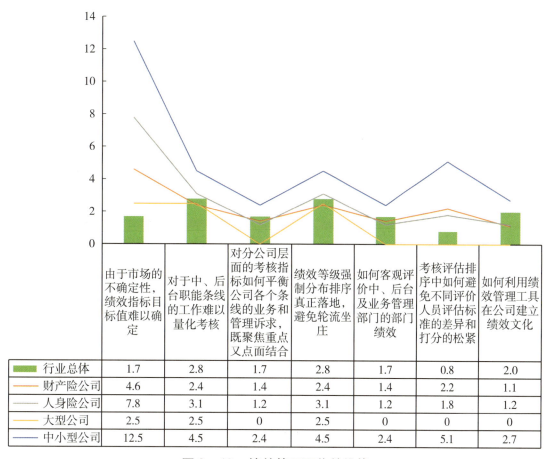

	由于市场的不确定性，绩效指标目标值难以确定	对于中、后台职能条线的工作难以量化考核	对分公司层面的考核指标如何平衡公司各个条线的业务和管理诉求，既聚焦重点又点面结合	绩效等级强制分布排序真正落地，避免轮流坐庄	如何客观评价中、后台及业务管理部门的部门绩效	考核评估排序中如何避免不同评价人员评估标准的差异和打分的松紧	如何利用绩效管理工具在公司建立绩效文化
行业总体	1.7	2.8	1.7	2.8	1.7	0.8	2.0
财产险公司	4.6	2.4	1.4	2.4	1.4	2.2	1.1
人身险公司	7.8	3.1	1.2	3.1	1.2	1.8	1.2
大型公司	2.5	2.5	0	2.5	0	0	0
中小型公司	12.5	4.5	2.4	4.5	2.4	5.1	2.7

图 3 - 49　绩效管理面临的挑战

第 3.7 节　保险行业薪酬管理与中长期激励实践

　　本节以保险公司薪酬管理与中长期激励实践为主题，内容涵盖了薪酬调整方式及调薪率、绩效薪酬核定方式以及中长期激励实施现状，并提供了薪酬福利管理和中长期激励方面的丰富案例。

3.7.1 薪酬福利管理

3.7.1.1 薪酬调整方式

从行业总体来看，50%的参与调研保险公司把绩效调薪作为首选的调薪方式；63%的公司把晋升调薪作为排名第二的调薪方式；不同险种公司与行业总体基本保持一致。主要调薪方式详见图3–50。

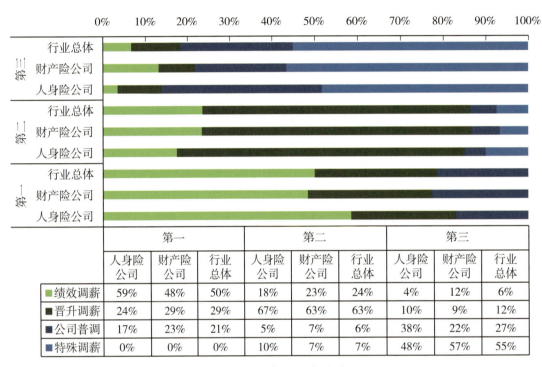

	第一			第二			第三		
	人身险公司	财产险公司	行业总体	人身险公司	财产险公司	行业总体	人身险公司	财产险公司	行业总体
绩效调薪	59%	48%	50%	18%	23%	24%	4%	12%	6%
晋升调薪	24%	29%	29%	67%	63%	63%	10%	9%	12%
公司普调	17%	23%	21%	5%	7%	6%	38%	22%	27%
特殊调薪	0%	0%	0%	10%	7%	7%	48%	57%	55%

图 3 – 50　主要调薪方式

3.7.1.2 调薪率

参与调研保险公司中各层级人员2017~2019年调薪率呈现下降的趋势。公司总部2017~2019年调薪率分别是6.2%、5.9%、5.4%；分公司2017~2019年调薪率分别是5.1%、5.3%、4.8%。行业分员工类别2017~2019年平均调薪率详见图3–51。

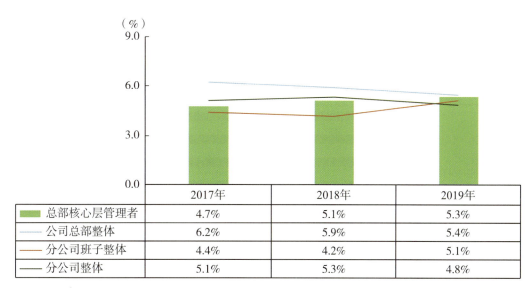

（%）	2017年	2018年	2019年
总部核心层管理者	4.7%	5.1%	5.3%
公司总部整体	6.2%	5.9%	5.4%
分公司班子整体	4.4%	4.2%	5.1%
分公司整体	5.1%	5.3%	4.8%

图 3 –51　2017 ~2019 年平均调薪率——分员工类别

3.7.1.3　薪酬调整频率

从行业总体来看，每年调薪的公司占比为 40%，每两年调薪的公司占比为 1%，三年及以上调薪的占比为 6%，管理者结合实际情况统筹确定的占比为 53%；财产险公司按照上述顺序依次为：40%、0、10%、50%；人身险公司按照上述顺序依次为：41%、3%、5%、51%。

3.7.1.4　薪酬市场对标策略

从行业总体来看，61% 的参与调研保险公司表示薪酬市场定位为 "大于等于 40 分位，小于等于 60 分位"。其中对标保险市场的公司选择该薪酬定位的占比为 61%，对标相似规模的公司选择该定位的占比为 61%，对标非保险行业的公司选择该定位的占比为 62%。2019 年保险公司薪酬市场对标策略详见图 3 –52。

3.7.1.5　福利情况

从行业总体来看，参与调研保险公司为员工提供的福利项目中，年度体检等医疗服务、意外伤害险/重大疾病险等商业保险、年度节假日礼金/年度现金津贴排名前三位；不同险种、不同规模公司与行业总体基本保持一致。此外，超过 31% 的公司为员工提供补充养老计划；13% 的大型公司为员工提供弹性福利平台。2019 年保险行业公司总部福利情况详见表 3 –27。

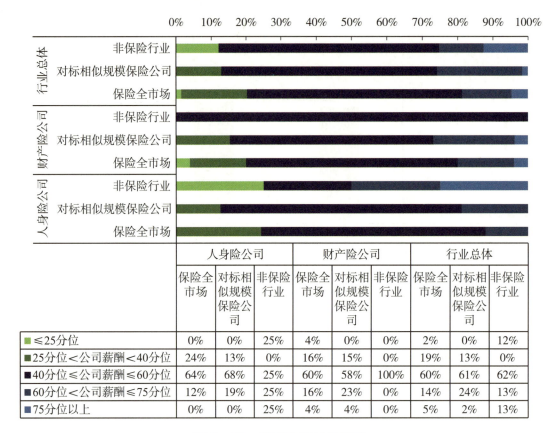

图 3 –52　薪酬市场对标策略

	人身险公司			财产险公司			行业总体		
	保险全市场	对标相似规模保险公司	非保险行业	保险全市场	对标相似规模保险公司	非保险行业	保险全市场	对标相似规模保险公司	非保险行业
≤25分位	0%	0%	25%	4%	0%	0%	2%	0%	12%
25分位<公司薪酬<40分位	24%	13%	0%	16%	15%	0%	19%	13%	0%
40分位≤公司薪酬≤60分位	64%	68%	25%	60%	58%	100%	60%	61%	62%
60分位<公司薪酬≤75分位	12%	19%	25%	16%	23%	0%	14%	24%	13%
75分位以上	0%	0%	25%	4%	4%	0%	5%	2%	13%

表 3 –27　　　　　　　　　2019 年保险行业公司总部福利情况　　　　　　　　　单位：%

项目	行业总体	财产险公司	人身险公司	大型公司	中小型公司
年度节假日礼金/年度现金津贴	63	59	67	63	63
年度体检等医疗服务	76	75	82	63	77
意外伤害险/重大疾病险等商业保险	75	75	80	63	76
补充养老计划	31	27	35	63	28
弹性福利平台	12	7	14	13	11
其他福利	19	20	18	13	20

3.7.2　绩效薪酬核定方式

3.7.2.1　行业总体绩效薪酬核定方式

参与调研的公司，各层级机构销售人员的绩效薪酬核定方式主要为业绩提奖

（收入或者利润等）/销售佣金或者目标奖金 + 提成。其中分公司/中心支公司销售
人员的绩效薪酬核定方式是业绩提奖（收入或者利润等）/销售佣金的占比为
72%，支公司销售人员的绩效薪酬核定方式是业绩提奖（收入或者利润等）/销售
佣金的占比为73%。其他人员更多采用目标奖金的方式。行业总体各类型人员绩
效薪酬核定方式详见图 3 – 53。

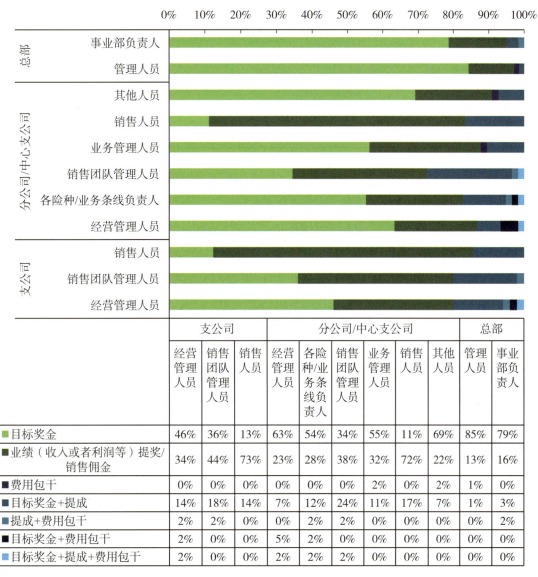

	支公司			分公司/中心支公司						总部	
	经营管理人员	销售团队管理人员	销售人员	经营管理人员	各险种/业务条线负责人	销售团队管理人员	业务管理人员	销售人员	其他人员	管理人员	事业部负责人
■目标奖金	46%	36%	13%	63%	54%	34%	55%	11%	69%	85%	79%
■业绩（收入或者利润等）提奖/销售佣金	34%	44%	73%	23%	28%	38%	32%	72%	22%	13%	16%
■费用包干	0%	0%	0%	0%	0%	0%	2%	0%	2%	1%	0%
■目标奖金+提成	14%	18%	14%	7%	12%	24%	11%	17%	7%	1%	3%
■提成+费用包干	2%	2%	0%	0%	2%	2%	0%	0%	0%	0%	2%
■目标奖金+费用包干	2%	0%	0%	5%	2%	0%	0%	0%	0%	0%	0%
■目标奖金+提成+费用包干	2%	0%	0%	2%	2%	2%	0%	0%	0%	0%	0%

图 3 – 53　各类型人员绩效薪酬核定方式——行业总体

3.7.2.2 财产险公司绩效薪酬核定方式

参与调研财产险公司的绩效薪酬核定方式主要是目标奖金和业绩（收入或者利润等）提奖/销售佣金两种。财产险公司各类型人员的绩效薪酬核定方式详见图 3 – 54。

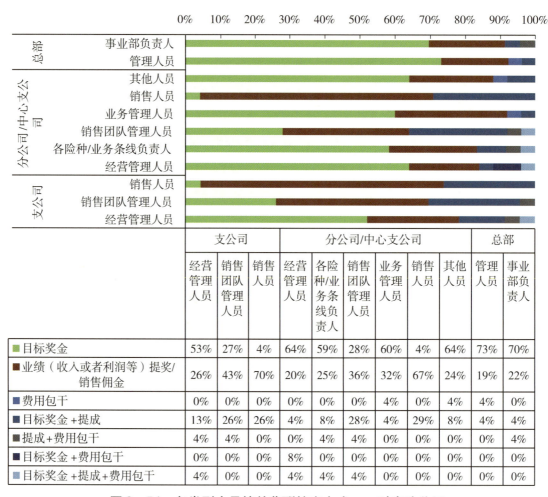

	支公司			分公司/中心支公司						总部	
	经营管理人员	销售团队管理人员	销售人员	经营管理人员	各险种/业务条线负责人	销售团队管理人员	业务管理人员	销售人员	其他人员	管理人员	事业部负责人
■ 目标奖金	53%	27%	4%	64%	59%	28%	60%	4%	64%	73%	70%
■ 业绩（收入或者利润等）提奖/销售佣金	26%	43%	70%	20%	25%	36%	32%	67%	24%	19%	22%
■ 费用包干	0%	0%	0%	0%	0%	0%	4%	0%	4%	4%	0%
■ 目标奖金 +提成	13%	26%	26%	4%	8%	28%	4%	29%	8%	4%	4%
■ 提成+费用包干	4%	4%	0%	0%	4%	4%	0%	0%	0%	0%	4%
■ 目标奖金 +费用包干	0%	0%	0%	8%	0%	0%	0%	0%	0%	0%	0%
■ 目标奖金 +提成 +费用包干	4%	0%	0%	4%	4%	4%	0%	0%	0%	0%	0%

图 3 –54 各类型人员绩效薪酬核定方式——财产险公司

3.7.2.3 人身险公司绩效薪酬核定方式

参与调研人身险公司的绩效薪酬核定方式主要是目标奖金和业绩（收入或者利润等）提奖/销售佣金两种。人身险公司各类型人员绩效薪酬核定方式详见图 3 – 55。

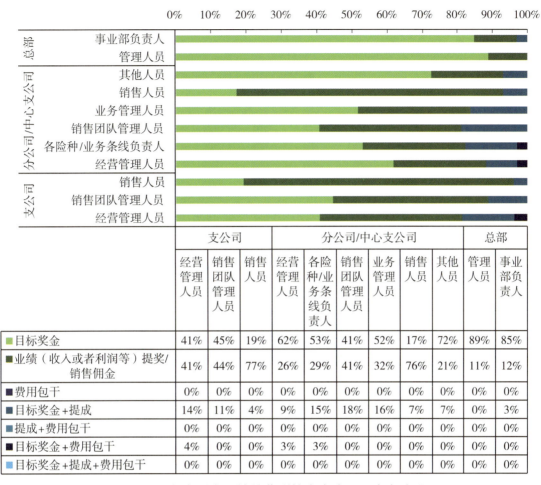

		支公司			分公司/中心支公司					总部	
		经营管理人员	销售团队管理人员	销售人员	经营管理人员	各险种/业务条线负责人	销售团队管理人员	业务管理人员	销售人员	其他人员	管理人员	事业部负责人
■	目标奖金	41%	45%	19%	62%	53%	41%	52%	17%	72%	89%	85%
■	业绩（收入或者利润等）提奖/销售佣金	41%	44%	77%	26%	29%	41%	32%	76%	21%	11%	12%
■	费用包干	0%	0%	0%	0%	0%	0%	0%	0%	0%	0%	0%
■	目标奖金+提成	14%	11%	4%	9%	15%	18%	16%	7%	7%	0%	3%
■	提成+费用包干	0%	0%	0%	0%	0%	0%	0%	0%	0%	0%	0%
■	目标奖金+费用包干	4%	0%	0%	3%	3%	0%	0%	0%	0%	0%	0%
■	目标奖金+提成+费用包干	0%	0%	0%	0%	0%	0%	0%	0%	0%	0%	0%

图 3 –55　各类型人员绩效薪酬核定方式——人身险公司

3.7.3　中长期激励计划

3.7.3.1　中长期激励计划实施对象

从行业总体来看，针对核心层管理者实施中长期激励计划的公司占比最高，为20%，针对二级机构主要负责人实施中长期激励计划的公司占比为19%，针对关键员工实施中长期激励计划的公司占比为13%。

对比不同险种公司，财产险公司对二级机构负责人及总部部门负责人实施中长期激励的占比高于人身险公司。不同险种公司中长期激励实施情况详见图 3 –56。

图 3-56　中长期激励实施情况——分险种

3.7.3.2　中长期激励方式

调研结果显示，随着员工层级提高，激励方式会更加多元化。核心层管理者、总部部门负责人、总部部门副职常见的中长期激励工具包括股票增值权、限制性股票以及绩效单元（长期奖金计划）。从行业总体来看，首先是退休金计划的普及率最高，超过 40% 的参与调研保险公司为各层级管理者提供退休金计划；其次是绩效单元（长期奖金计划），超过 20% 的公司为除三级机构主要负责人和班子副职外的其他管理者提供绩效单元（长期奖金计划），最后是股票期权/购股权计划，超过 17% 的公司为各层级管理者提供股票期权/购股权计划。中长期激励方式详见表 3-28。

表 3-28　　　　　　　　中长期激励方式——行业总体　　　　　　　单位：%

针对人群	股票期权/购股权计划	限制性股票/受限制股份计划	股票增值权	奖金池计划（利润分享）	绩效单元（长期奖金计划）	退休金计划
核心层管理者	11	26	5	11	32	16
总部部门主要负责人	13	20	7	13	27	20
总部部门副职	18	18	9	9	18	27

续表

针对人群	股票期权/购股权计划	限制性股票/受限制股份计划	股票增值权	奖金池计划（利润分享）	绩效单元（长期奖金计划）	退休金计划
二级机构主要负责人	12	18	6	12	35	18
二级机构班子副职	15	15	8	8	31	23
三级机构主要负责人	17	17	8	17	17	25
三级机构班子副职	18	18	0	18	18	27
关键员工	18	18	9	9	18	27
全体员工	—	—	—	14	14	57

3.7.4　案例：保德信金融集团——新形势下的人才激励计划*

美国保德信金融集团（Prudential Financial），是美国最大的金融机构之一，美国保德信保险公司，成立于 1875 年，是美国最大的人寿保险公司之一，也是保德信金融集团的一员。

近年来，为适应新形势下人才激励的有效性，在短期目标和长期目标之间建立更强有力的连接，保德信金融集团重新制订了两项针对全体员工的具体激励计划：

1. 年度激励计划

年度激励计划旨在推动短期战略目标的达成。通过绩效和激励的挂钩，提升财务和运营能力。

2. 长期激励计划

长期激励计划旨在实现公司长期战略目的，奖励长期增长和盈利能力，对长期取得优秀成绩的管理者和员工予以奖励，使其能够稳定地在企业中长期工作。

在高管薪酬计划方面，保德信金融集团的基本理念是提供一个有吸引力的、灵活的和基于市场的整体薪酬方案，并且与业绩挂钩，符合股东的利益。在此框架内，其主要原则为：

（1）通过提供具有市场竞争力的薪酬，保留和聘用顶级管理人员；

（2）保留较大比例的绩效薪酬；

（3）奖励长期增长和盈利能力；

* 资料来源：保德信金融集团企业年报。

（4）将薪酬与股东利益保持一致；

（5）加强继任计划建设。

3.7.5　案例：日本第一生命——人才价值提升项目[*]

第一生命保险株式会社（The Dai-ichi Life Insurance Company, Limited）是日本最有实力的人寿保险公司之一。自公司创建以来一直以"客户至上"为经营理念。2019 年 7 月，在《财富》世界 500 强中位列第 153 位。

从 2016 年开始，日本第一生命启动"人才价值提升项目"，持续推广发挥员工个人优势的概念，旨在提升员工的自我效能感和工作满意度。该计划共分为三个部分：

（1）工作风格变革：强调"工作－生活"平衡。

（2）个人效能感提升：发掘员工的个人优势，并尽可能地在组织内提供施展的空间。

（3）基于员工的个体差异性和多样性，设计不同的提升计划。

截至目前，公司内男性员工休育儿假的比例已经提升至 100%，与之前相比员工每月平均加班时间减少了 20%，同时，公司还每月设置了一天的"个人发展日"，鼓励员工休假一天或提前下班。此外，日本第一生命还创建了 Nissay after-school Online，让员工可以观看在线培训视频，并且可以在他们的个人电脑、智能手机或其他设备上讨论各种话题。

未来，日本第一生命将继续按照《行动计划》推进工作，鼓励休年假，并且提倡灵活的工作方式。

第 3.8 节　保险行业组织经营效能与人力成本

本节以组织经营效能和人力成本为主题，内容涵盖了两个方面。一方面是保险行业组织经营效能。组织经营效能，是组织效能的一个维度。组织效能通常分为组织经营效能、人力资本效能、组织健康三大维度，是衡量企业经营效能的评价标准，为组织注入逻辑性和秩序，成为企业经营管理的重要组成部分。本节通过对保险行业产出指标、投入指标、投入产出指标及生产力指标等关键数据的比对展现行

---

[*] 资料来源：日本第一生命企业年报。

业组织经营效能情况。另一方面是人力成本。人力成本常用相关指标分成"额度指标和比率指标"两类。额度指标主要包括人力成本总额、人力成本各组成要素及人均人力成本额、单位时间人力成本额、单位产品人力成本额等；比率指标主要包括人力成本费用率、人力成本占总成本的比率、人均劳动效率等。本节通过对行业人力成本占总成本比例、人均人力成本及人力成本结构等关键数据的比对，呈现行业整体及不同类别公司的人力成本费用结构情况。

3.8.1　组织经营效能情况

根据《中国保险行业年鉴》与保险公司公开信息披露等相关数据，行业总体 2016~2019 年人均保费收入 2016 年最低，2019 年最高，财产险与人身险公司人均保费收入均呈上升趋势。2016~2019 年人均保费收入详见表 3–29。

表 3–29　　　　　　　　2016~2019 年人均保费收入　　　　　　　单位：万元

项目	2016 年	2017 年	2018 年	2019 年
行业总体	295	374	401	442
财产险公司	199	217	240	259
人身险公司	389	547	572	641

3.8.1.1　2019 年行业总体组织经营效能情况

参与调研并提供完整组织经营效能指标的保险公司，2019 年人均保费收入的均值为 314 万元，公司人均总人力成本均值为 19 万元，单位人力成本产出保费收入均值为 16 元。行业总体组织经营效能指标详见表 3–30。

表 3–30　　　　　　2019 年公司组织经营效能指标——行业总体

项目		P25	P50	P75	平均值
产出指标	总保费收入（万元）	145477	379634	1034118	3041487
	税前利润（万元）	（2555）	6907	38079	259736
投入指标	员工总人数（人）	353	1500	3934	11569
	总人力成本（万元）	14058	27519	64504	129246
	总成本（万元）	137623	327880	1164592	3234493

续表

项目		P25	P50	P75	平均值
投入产出指标	人力成本保费收入比（％）	5	9	12	6.1
生产力指标	人均保费收入（万元）	158	296	550	314
	公司人均总人力成本（万元）	16	27	36	19
	单位人力成本保费收入（元）	9	12	19	16

3.8.1.2　财产险公司组织经营效能情况

参与调研并提供完整组织经营效能指标的财产险公司，2019 年人均保费收入的均值为 205 万元，公司人均总人力成本均值为 18 万元，单位人力成本产出保费收入均值为 11 元。财产险公司组织经营效能指标详见表 3 – 31。

表 3 –31　　　　　　2019 年公司组织经营效能指标——财产险公司

项目		P25	P50	P75	平均值
产出指标	总保费收入（万元）	130885	235900	545621	1436560
	税前利润（万元）	(4016)	3659	11212	82736
投入指标	员工总人数（人）	378	1710	3070	10937
	总人力成本（万元）	13886	23411	52970	123589
	综合成本率（％）	99	105	110	110
	总成本（万元）	86040	229628	496768	1180744
投入产出指标	人力成本保费收入比（％）	8	9	14	9
生产力指标	人均保费收入（万元）	117	194	313	205
	公司人均总人力成本（万元）	13	22	32	18
	单位人力成本保费收入（元）	7	11	12	11

3.8.1.3　人身险公司组织经营效能情况

参与调研并提供完整组织经营效能指标的人身险公司，2019 年人均保费收入的均值为 465.7 万元，公司人均总人力成本均值为 22 万元，单位人力成本保费收入均值为 23 元。人身险公司组织经营效能指标详见表 3 –32。

表 3 - 32　　　　　　　　2019 年公司组织经营效能指标——人身险公司

项目		P25	P50	P75	平均值
产出指标	总保费收入（万元）	268130	618232	2095650	4649048
	新单首年保费收入（万元）	187022	555502	1653406	1577581
	新业务价值（万元）	5013	33366	106325	11257416
	税前利润（万元）	(2555)	14938	58117	463089
投入指标	员工总人数（人）	517	2048	4518	9454
	总人力成本（万元）	22645	41024	74488	122138
	总成本（万元）	303998	727559	2034622	5321455
投入产出指标	总人力成本保费收入比（％）	4	6	10	4
生产力指标	人均保费收入（万元）	295	458	738	465.7
	人均新业务价值（万元）	8	15	23	39
	公司人均总人力成本（万元）	22	29	32	22
	单位人力成本保费收入（元）	10	16	25	23
	单位人力成本新业务价值（元）	0.3	0.6	1.2	1.8

3.8.2　人力成本情况

3.8.2.1　人力成本占总成本比

从行业总体来看，2019 年参与调研的保险公司人力成本占总成本比例的 50 分位值为 9％。从过去四年的情况看，保险公司人力成本占总成本比例 50 分位值呈降低趋势。与 2018 年相比，2019 年 25 分位值、50 分位值和 75 分位值均有所下降。2016～2019 年人力成本占总成本比例情况详见表 3 - 33。

表 3 - 33　　　　　　　2016～2019 年人力成本占总成本比例情况　　　　　　　单位：％

年份	P25	P50	P75
2016	5	13	21
2017	8	13	19
2018	6	10	16
2019	5	9	12

对比不同险种公司，人身险公司人力成本占总成本的比例低于财产险公司；对比不同规模公司，中小型公司人力成本占总成本的比例高于大型公司。不同险种、不同规模公司人力成本占总成本比例详见表 3 – 34。

表 3 –34　　　　　　　　人力成本占总成本比例　　　　　　　　单位：%

项目	行业总体	财产险公司	人身险公司	大型公司	中小型公司
人力成本占总成本比	10	13	8	7	11

3.8.2.2　人均人力成本

2019 年参与调研的保险公司人均人力成本 25 分位值为 16 万元、50 分位值为 27 万元、75 分位值为 36 万元，相较 2018 年度调研结果，人均人力成本在 25 分位持平，在 50、75 分位有所上升，2016 ~ 2019 年人均人力成本情况详见表 3 – 35。

表 3 –35　　　　　　　2016 ~ 2019 年人均人力成本情况　　　　　　单位：万元

年份	25 分位	50 分位	75 分位
2016	15	26	44
2017	16	22	36
2018	16	23	33
2019	16	27	36

对比不同险种公司，财产险公司人均人力成本 50 分位值为 22 万元，低于人身险公司的 50 分位值 29 万元；对比不同规模公司，大型公司人均人力成本 50 分位值为 19 万元，低于中小型公司的 50 分位值 30 万元。不同险种、不同规模公司 2019 年人均人力成本详见表 3 – 36。

表 3 –36　　　　　2019 年不同险种、不同规模公司人均人力成本　　　　单位：万元

项目	P25	P50	P75	平均值
行业总体	16	27	36	51
财产险公司	13	22	32	26

续表

项目	P25	P50	P75	平均值
人身险公司	22	29	32	29
大型公司	13	19	22	17
中小型公司	17	30	37	31

3.8.2.3　人力成本构成

从行业总体来看，参与调研保险公司人力成本总额中招聘费用的占比为 0.11%、薪资成本的占比为 79.29%、法定福利成本为 15.54%、公司福利成本为 3.41%、培训费用 0.49%、其他人力成本 1.16%；财产险公司按照上述指标顺序 依次为：0.07%、76.47%、16.95%、3.71%、0.42%、2.38%；人身险公司按照 上述指标顺序依次为：0.10%、79.28%、15.64%、3.62%、0.42%、0.94%；大 型公司按照上述指标顺序依次为：0.13%、76.25%、15.54%、4.83%、0.29%、 2.96%；中小型公司按照上述指标顺序依次为：0.09%、80.55%、14.58%、 3.29%、0.44%、1.05%。不同险种、不同规模公司与行业总体基本保持一致。 2019 年人力成本构成情况详见图 3 -57。

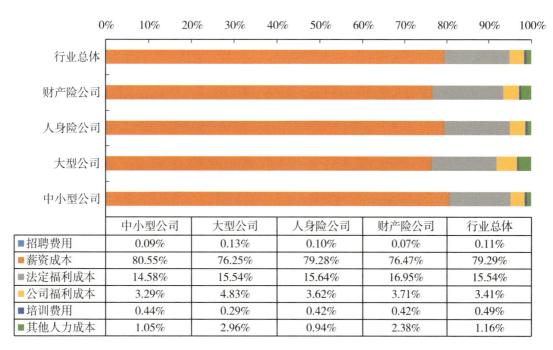

	中小型公司	大型公司	人身险公司	财产险公司	行业总体
招聘费用	0.09%	0.13%	0.10%	0.07%	0.11%
薪资成本	80.55%	76.25%	79.28%	76.47%	79.29%
法定福利成本	14.58%	15.54%	15.64%	16.95%	15.54%
公司福利成本	3.29%	4.83%	3.62%	3.71%	3.41%
培训费用	0.44%	0.29%	0.42%	0.42%	0.49%
其他人力成本	1.05%	2.96%	0.94%	2.38%	1.16%

图 3 -57　2019 年人力成本构成情况

第 3.9 节　保险公司员工发展管理

本节以保险公司员工培养发展为主题，内容涵盖员工职业发展管理情况、培训费用投入情况、培训时长等，并提供了丰富的案例。

3.9.1　职业生涯发展管理

3.9.1.1　专业岗位划分

专业岗位划分，就是将职责、专业、任职资格相近的岗位进行横向划分，形成岗位大类。专业岗位划分既体现了各类岗位间的市场价值的差异，也体现了该类岗位人才标准和培养发展方式和路径的差异。从行业总体来看，参加调研保险公司中将专业岗位划分为 5~10 类（含）的占比最高。专业岗位划分情况详见表 3 – 37。

表 3 – 37　　　　　　　　　　专业岗位划分情况　　　　　　　　　单位：%

岗位划分类	行业总体	财产险公司	人身险公司	大型公司	中小型公司
A. 0~5 类（含）	35	25	43	0	38
B. 5~10 类（含）	44	56	38	72	42
C. 10~15 类（含）	11	11	5	14	10
D. 15~20 类（含）	7	8	7	14	7
E. 20~25 类（含）	3	0	7	0	3
F. 25~30 类（含）	0	0	0	0	0
G. 30 类以上	0	0	0	0	0

3.9.1.2　专业序列发展空间

在专业序列的最高职级与管理序列层级的对应关系方面，57% 的参与调研保险公司表示本公司专业序列的最高职级相当于高层管理者层级，占比最高，其次是相当于中层管理者层级，占比为 26%。专业序列发展空间详见表 3 – 38。

项目	行业总体	财产险公司	人身险公司	大型公司	中小型公司
A. 低于基层管理者	0	0	0	0	0
B. 与基层管理者相当层级	7	6	7	0	8
C. 与中层管理者相当层级	26	22	33	0	28
D. 与高层管理者相当层级	57	66	50	100	53
E. 与核心层管理者相当层级	10	6	10	0	11

表 3 – 38　　　　　　　　　　专业序列发展空间　　　　　　　　　单位：%

3.9.2　培训管理

3.9.2.1　人均培训成本

从行业总体来看，核心管理者人均经费投入大于 1 万元的占比最高，高层管理者人均经费投入在 5000 （含）～10000 元区间的占比最高，中层管理者人均经费投入在 2000 （含）～3000 元区间的占比最高，基层管理者人均经费投入在 1000 （含）～2000 元区间的占比最高，专业能力培训的人均经费投入在 1000 （含）～2000 元区间的占比最高，基本技能培训的人均经费投入在 300 元以下；不同险种、不同规模公司与行业总体基本保持一致，其人均培训成本投入分别详见图 3 – 58 ～图 3 – 60。

3.9.2.2　培训学时要求

从行业总体来看，参与调研保险公司中对全员都有最低学时要求的公司占比最高，为 42%；其次是仅对监管规定的管理者有最低学时要求，占比为 27%；对比不同险种公司，财产险公司对 "公司员工无学时考核要求" 的低于人身险公司。培训学时要求详见表 3 – 39。

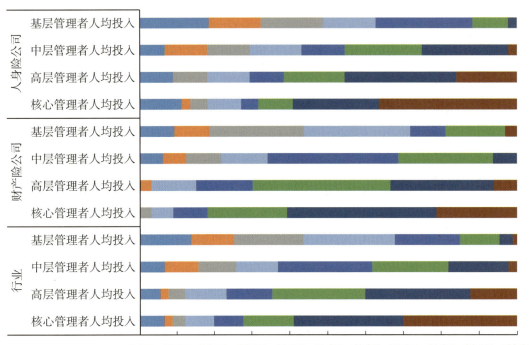

	行业				财产险公司				人身险公司			
	核心管理者人均投入	高层管理者人均投入	中层管理者人均投入	基层管理者人均投入	核心管理者人均投入	高层管理者人均投入	中层管理者人均投入	基层管理者人均投入	核心管理者人均投入	高层管理者人均投入	中层管理者人均投入	基层管理者人均投入
■A.X＜300元	6.7%	5.7%	6.9%	13.8%	0.0%	0.0%	6.1%	9.4%	11.4%	9.1%	6.7%	18.5%
■B.300元≤X＜500元	2.2%	2.2%	9.0%	11.7%	0.0%	2.9%	6.3%	9.4%	2.3%	0.0%	11.4%	14.0%
■C.500元≤X＜1000元	3.3%	4.4%	10.1%	18.4%	3.0%	0.0%	9.4%	25.0%	4.5%	9.1%	11.4%	16.3%
■D.1000元≤X＜2000元	7.8%	11.1%	11.2%	24.1%	6.1%	12.1%	12.5%	28.1%	9.1%	11.4%	13.6%	14.0%
■E.2000元≤X＜3000元	7.8%	12.2%	24.7%	17.2%	9.1%	15.2%	34.4%	9.4%	4.5%	9.1%	11.4%	25.6%
■F.3000元≤X＜5000元	13.3%	24.4%	20.2%	10.3%	21.2%	36.4%	25.0%	15.6%	9.1%	15.9%	20.5%	9.3%
■G.5000元≤X＜10000元	28.9%	27.8%	15.7%	3.4%	39.4%	27.3%	6.3%	0.0%	22.7%	29.5%	22.7%	2.3%
■H.10000元≤X	30.0%	12.2%	2.2%	1.1%	21.2%	6.1%	0.0%	3.1%	36.4%	15.9%	2.3%	0.0%

图 3－58　人均培训成本投入——分险种

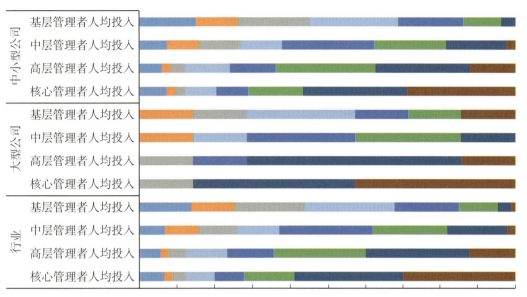

	行业				大型公司				中小型公司			
	核心管理者人均投入	高层管理者人均投入	中层管理者人均投入	基层管理者人均投入	核心管理者人均投入	高层管理者人均投入	中层管理者人均投入	基层管理者人均投入	核心管理者人均投入	高层管理者人均投入	中层管理者人均投入	基层管理者人均投入
■A.X<300元	6.7%	5.7%	6.9%	14.0%	0.0%	0.0%	0.0%	0.0%	7.3%	6.2%	7.3%	15.0%
■B.300元≤X<500元	2.2%	2.2%	9.0%	11.5%	0.0%	0.0%	14.2%	14.3%	2.4%	2.4%	8.5%	11.1%
■C.500元≤X<1000元	3.3%	4.4%	10.1%	18.4%	14.2%	14.3%	0.0%	14.2%	2.4%	3.6%	11.0%	18.8%
■D.1000元≤X<2000元	7.8%	11.1%	11.2%	24.1%	0.0%	0.0%	14.3%	28.6%	8.4%	12.0%	11.0%	23.8%
■E.2000元≤X<3000元	7.8%	12.2%	24.7%	17.2%	0.0%	14.3%	28.6%	14.3%	8.4%	12.0%	24.4%	17.5%
■F.3000元≤X<5000元	13.3%	24.4%	20.2%	10.3%	0.0%	0.0%	28.6%	14.3%	14.5%	26.5%	19.5%	10.0%
■G.5000元≤X<10000元	28.9%	27.8%	15.7%	3.4%	42.9%	57.1%	14.3%	0.0%	27.7%	25.3%	15.9%	3.8%
■H.10000元≤X	30.0%	12.2%	2.2%	1.1%	42.9%	14.3%	0.0%	14.3%	28.9%	12.0%	2.4%	0.0%

图 3 –59　人均培训成本投入——分规模

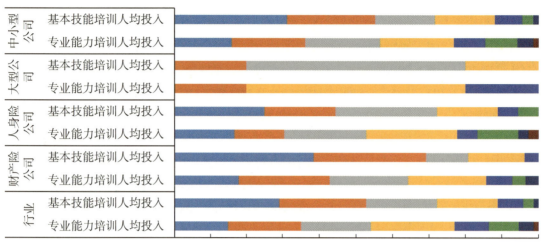

	行业		财产险公司		人身险公司		大型公司		中小型公司	
	专业能力培训人均投入	基本技能培训人均投入	专业能力培训人均投入	基本技能培训人均投入	专业能力培训人均投入	基本技能培训人均投入	专业能力培训人均投入	基本技能培训人均投入	专业能力培训人均投入	基本技能培训人均投入
■ A.X＜300元	14.7%	29.2%	17.9%	38.5%	16.6%	24.9%	0.0%	0.0%	16.0%	31.3%
■ B.300≤X＜500元	20.3%	23.6%	25.0%	30.8%	13.9%	19.4%	20.0%	20.0%	20.3%	23.9%
■ C.500≤X＜1000元	18.9%	19.4%	21.4%	11.5%	22.2%	27.8%	0.0%	60.0%	20.3%	16.4%
■ D.1000≤X＜2000元	23.0%	16.7%	21.4%	15.4%	25.0%	16.7%	60.0%	20.0%	20.3%	16.4%
■ E.2000≤X＜3000元	9.5%	6.9%	7.1%	3.8%	5.6%	5.6%	20.0%	0.0%	8.7%	7.5%
■ F.3000≤X＜5000元	8.1%	2.8%	3.6%	0.0%	11.1%	5.6%	0.0%	0.0%	8.7%	3.0%
■ G.5000≤X＜10000元	4.1%	1.4%	3.6%	0.0%	2.8%	0.0%	0.0%	0.0%	4.3%	1.5%
■ H.10000元≤X	1.4%	0.0%	0.0%	0.0%	2.8%	0.0%	0.0%	0.0%	1.4%	0.0%

图 3-60　基本技能与专业能力人均培训成本投入

表 3-39　　　　　　　　　培训学时要求　　　　　　　　　单位：%

要求范围	行业总体	财产险公司	人身险公司	大型公司	中小型公司
对全员都有最低学时要求	42	45	35	50	41.1
仅对监管规定的管理层有最低学时要求	27	29	26	25	26.7
对全部管理层都有最低学时要求	6	3	9	0	6.7
对管理层和重要员工岗位才有最低学时要求	8	11	9	13	7.8
尚未提出此类要求	17	13	22	13	17.8

第 3 章　中国保险行业人力资源现状分析 （一）

3.9.2.3　各职级培训时长

从行业总体来看，参与调研保险公司各个职级的学习时间在 20 ~ 40 小时的占比最高；不同险种公司与行业总体基本保持一致；对比不同规模公司，大型公司学习时间在 60 （含）~ 80 小时的占比高于中小型公司。不同险种、不同规模公司各职级人均培训时长详见图 3 –61。

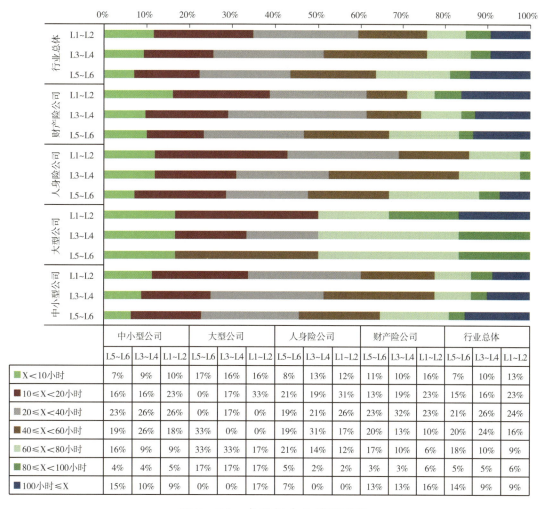

	中小型公司			大型公司			人身险公司			财产险公司			行业总体		
	L5~L6	L3~L4	L1~L2	L5~L6	L3~L4	L1~L2	L5~L6	L3~L4	L1~L2	L5~L6	L3~L4	L1~L2	L5~L6	L3~L4	L1~L2
X<10小时	7%	9%	10%	17%	16%	16%	8%	13%	12%	11%	10%	16%	7%	10%	13%
10≤X<20小时	16%	16%	23%	0%	17%	33%	21%	19%	31%	13%	19%	23%	15%	16%	23%
20≤X<40小时	23%	26%	26%	0%	17%	0%	19%	21%	26%	23%	32%	23%	21%	26%	24%
40≤X<60小时	19%	26%	18%	33%	0%	0%	19%	31%	17%	20%	13%	10%	20%	24%	16%
60≤X<80小时	16%	9%	9%	33%	33%	17%	21%	10%	12%	17%	10%	6%	18%	10%	9%
80≤X<100小时	4%	4%	5%	17%	17%	17%	5%	2%	2%	3%	3%	6%	5%	5%	6%
100小时≤X	15%	10%	9%	0%	0%	17%	7%	0%	0%	13%	13%	16%	14%	9%	9%

图 3 –61　各职级人均培训时长

从行业总体来看，保险公司核心管理层、高级管理层以及分支机构班子学习时间大于 100 小时的占比最高，中级管理层学习时间占比最高的是 10 ~ 20 小时；对比不同险种公司，人身险公司各管理层学习时间大于 100 小时的占比均超过财产险公司；对比不同规模公司，大型公司各管理层级学习时间 80～100 小时的占比超过中小型公司。不同险种、不同规模公司各层级管理者人均培训时长详见图 3-62。

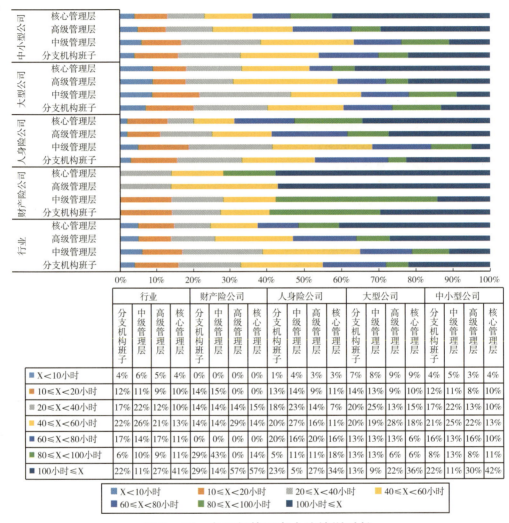

		行业				财产险公司				人身险公司				大型公司				中小型公司			
		分支机构班子	中级管理层	高级管理层	核心管理层	分支机构班子	中级管理层	高级管理层	核心管理层	分支机构班子	中级管理层	高级管理层	核心管理层	分支机构班子	中级管理层	高级管理层	核心管理层	分支机构班子	中级管理层	高级管理层	核心管理层
■	X<10小时	4%	6%	5%	4%	0%	0%	0%	0%	1%	4%	3%	3%	7%	8%	9%	9%	4%	5%	3%	4%
■	10≤X<20小时	12%	11%	9%	10%	14%	15%	0%	0%	13%	14%	9%	11%	14%	13%	9%	10%	12%	11%	8%	10%
■	20≤X<40小时	17%	22%	12%	10%	14%	14%	14%	15%	18%	23%	14%	7%	20%	25%	13%	15%	17%	22%	13%	10%
■	40≤X<60小时	22%	26%	21%	13%	14%	14%	29%	14%	20%	27%	16%	11%	20%	19%	28%	18%	21%	25%	22%	13%
■	60≤X<80小时	17%	14%	17%	11%	0%	0%	0%	0%	20%	16%	20%	16%	13%	13%	13%	6%	16%	13%	16%	10%
■	80≤X<100小时	6%	10%	9%	11%	29%	43%	0%	14%	5%	11%	11%	18%	13%	13%	6%	6%	8%	13%	8%	11%
■	100小时≤X	22%	11%	27%	41%	29%	14%	57%	57%	23%	5%	27%	34%	13%	9%	22%	36%	22%	11%	30%	42%

■ X<10小时　■ 10≤X<20小时　■ 20≤X<40小时　■ 40≤X<60小时
■ 60≤X<80小时　■ 80≤X<100小时　■ 100小时≤X

图 3-62　各层级管理者人均培训时长

3.9.2.4　培训面临的挑战

从行业整体来看，培训面临排名前三位的挑战分别是培训效果难以衡量和转化、内部培训课程体系建设仍不完善难以达到实际需求、培训成本有限难以保证数量和质量。不同险种公司情况与行业整体差别不大。

3.9.3　案例：阳光保险集团"培训人才发现"*

阳光保险集团为更好地在内部选拔优秀人才，于2019年启动实施"培训人才发现"项目。该项目在搭建目标岗位画像的基础上，依托阳光大学的平台和全系统不同属性的培训场景，形成了通过培训发现和推荐优秀人才的机制。该机制是对阳光保险集团"千人计划"人才库很好的补充，每年累计推荐各类人才近100人，成为解决内部关键岗位空缺的重要手段，同时也在组织内部建立起了人才展示的平台。

"培训人才发现"项目包括：部门权限与职责限定、人才评估与推荐标准、培训班级与人才分类、人才评估与推荐方法与流程、追踪管理与结果应用等方面。

（1）在部门权限与职责限定方面。集团人力资源部负责制定"培训人才发现"的政策及具体实施标准、集团层面开展的培训项目培训前的信息提供与模型评估等；阳光大学参与制定"培训人才发现"的政策及具体实施标准，并负责不断优化"培训人才发现"相关标准与工具、指导各子公司开展"培训人才发现"工作、对各公司培训观察员进行指导与胜任度评估等；各子公司、二级机构人力资源部负责相应层面开展的培训项目"培训人才发现"全流程的实施，包括培训前、培训中人才评估的实施，以及培训后的重点人才推荐总结等。

（2）在人才评估与推荐标准方面。阳光保险集团根据日常工作表现、培训现场表现、发展潜力三大维度制定了具体11项指标对参加培训的人员进行综合评估。由培训组织方通过对每项指标进行100分制打分，按学员的最终综合得分，选择相对优秀人才进行推荐。

（3）在培训班级分类方面。阳光保险集团将培训班分为A、B、C、D四类，不同类别的培训班，根据受训人员级别和特点，采用不同的评估推荐方法与流程（见表3-40）。同时，培训组织方对学员进行综合评估后，需将人才评估报告推荐至集团所属阳光大学，阳光大学须定期与各子公司人力资源部对"培训人才发现"的优秀人才进行再次评估，确认最终推荐名单，进入公司"储备人才发现池"，并在系统中持续丰富人才标签。

---

* 资料来源：由编写组成员进行行业访谈后整理所得。

表 3 –40　　　　　　　　　　　　　培训人才发现分类

A 类培训班	8 项现任人员重点培养项目	现任 S 类人员培养
		现任 U 类人员培养
		现任 N 类人员培养
	5 项后备人才重点培养项目	总部班子后备人才培养
		S 类后备人才培养
		U 类后备人才培养
B 类培训班	除 A 类以外总部层面组织的各类管理干部现任、后备人才培训班	
C 类培训班	除 A、B 类以外总部及分公司层面在阳光大学组织的其他各类培训班	
D 类培训班	除 A、B、C 类以外总部及分公司层面的其他各类培训班	

（4）在结果应用方面。阳光保险集团规定各公司每年培训发现人才不得少于一定人数，同时设置人才梯队健康度，若分管领导没有成熟的后备，原则上本人不可被提拔；此外，若推荐人才纳入"储备人才池"并得到提拔使用，则按照 S/U/N 的职级类型分别奖励培训观察员及各公司人力资源部。

3.9.4　案例：皇家太阳保险——领导力的提升 *

皇家太阳联合保险集团是世界上十大财产保险公司之一，在世界范围内大约有50000 名员工，为 130 多个国家的客户提供服务。目前已经在全世界 55 个国家开设了分公司，在美国、加拿大、拉丁美洲、亚太地区和欧洲开始了培训计划。公司在全球的影响和分公司的结构确定了公司在世界保险业的领先地位。

领导力发展一直是皇家太阳保险的工作重心之一。近几年，皇家太阳保险基于需求与数据分析，与常春藤盟校联合设计了三层领导力开发课程。2019 年 4 月，其高管发展学院（EDA），在安大略省举办了为期两天的领导力提升的行动学习项目，该项目的设计内容以当前业务为基础，共包括 3 个单元的内容，总体满意度为 86%。

同时，在文化层面，皇家太阳保险还建立了与英国高管团队的高绩效对话模式，该模式基于焦点小组的形式，定期展开广泛而专注的沟通讨论。此外，皇家太阳保险也在集团范围内开展互联领袖发展计划，包括在爱尔兰开展的"共同领导爱

---

*　资料来源：皇家太阳保险企业年报。

尔兰的未来"的合作伙伴方案（LIFT），目前，该方案已经交付了 25 名被认可为助理层级的管理人员。

第 3.10 节　保险行业企业文化管理

2019 年，保险行业从业者调研共计回收 213004 份有效问卷，参与调研的人数进一步增长。本节主要根据从业者问卷分析保险行业人才吸引与保留情况、从业者价值观认同情况、从业者敬业度情况等，通过组织类别、机构层级、合同类型、行业工作年限、年龄结构、学历结构等多维度分析说明保险行业企业文化管理现状。

3.10.1　人才吸引与保留情况

3.10.1.1　人才吸引与保留整体情况

对于"保险行业对我非常有吸引力"，参与调研的从业者选择完全同意的人占比41.3%，选择同意的人占比 33.2%，选择基本同意的人占比 21%，选择略不同意的人占比 2.9%，选择不同意的人占比 1.1%，选择完全不同意的人占比 0.5%。

对于"即使离开公司，我仍然会长期留在保险行业"，参与调研的从业者选择完全同意的人占比 32.1%，选择同意的人占比 27.9%，选择基本同意的人占比22.9%，选择略不同意的人占比 9%，选择不同意的人占比 5.8%，选择完全不同意的人占比 2.3%。

3.10.1.2　分机构类别人才吸引与保留

对于"保险行业对我非常有吸引力"，从机构类别来看，认同度最高的是人身险公司和农业险公司，认同度偏低的是财产险公司。从过去三年的情况看，2017 年人身险公司从业者的认同度上升到第一位，2018 年保险资管公司上升为第一位，2019 年相互保险公司成为第一位。分机构类别行业人才吸引情况详见图 3 - 63。

对于"即使离开公司，我仍然会长期留在保险行业"，从机构类别来看，认同度最高的是保险资产管理公司的从业者，认同度偏低的是财产险公司和其他相关机构的从业者。从过去三年的情况看，不同机构类别公司从业者的认同度没有变化。分机构类别行业人才留存情况详见图 3 - 64。

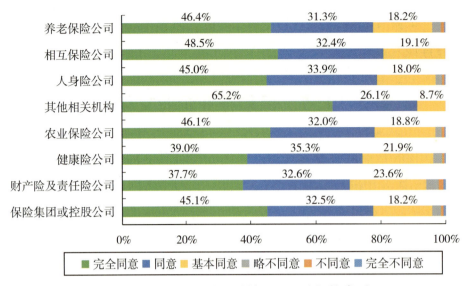

图 3-63　行业人才吸引情况——分机构类别

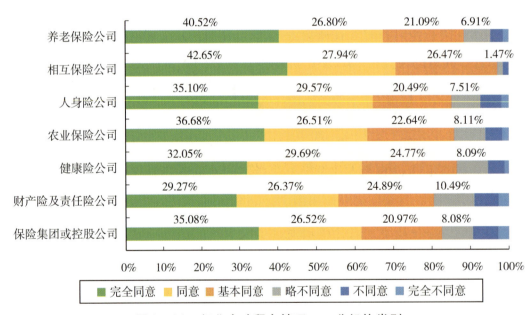

图 3-64　行业人才留存情况——分机构类别

3.10.1.3　分机构层级人才吸引与保留

对于"保险行业对我非常有吸引力"，从不同层级机构来看，认同度最高的是四级机构从业者，认同度偏低的是总部和二级机构从业者。从过去三年的情况看，不同层级机构从业者的认同度排序没有变化。各层级机构行业人才吸引情况详见图 3-65。

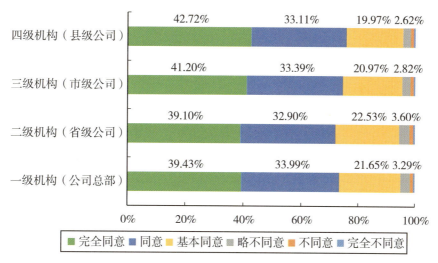

图 3 –65　行业人才吸引情况——分机构层级

对于"即使离开公司，我仍然会长期留在保险行业"，从不同层级机构来看，认同度最高的是一级机构从业者，认同度偏低的是二、三级机构从业者。从过去三年的情况看，一级机构从业者的认同度排序升高。各层级机构行业人才留存情况详见图 3 –66。

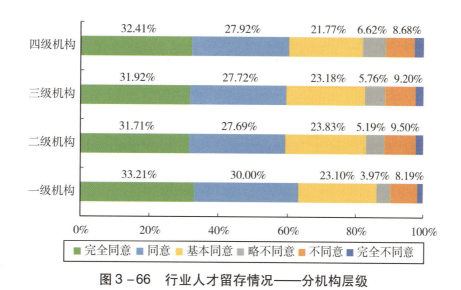

图 3 –66　行业人才留存情况——分机构层级

3.10.1.4　分合同类型人才吸引与保留

对于"保险行业对我非常有吸引力"，从从业者合同类型来看，认同度最高的是签订销售代理合同的从业者，认同度偏低的是签订劳动合同的从业者。不同合同类型的行业人才吸引情况详见图 3 –67。

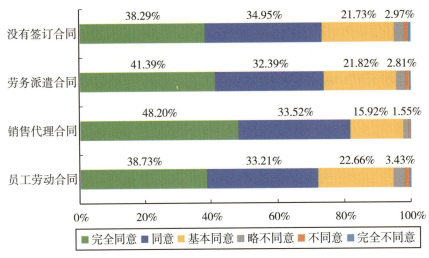

图 3-67　行业人才吸引情况——分合同类型

对于"即使离开公司，我仍然会长期留在保险行业"，从从业者合同类型来看，认同度最高的是签订销售代理合同的从业者；认同度偏低的是没有签订劳动合同的从业者。不同合同类型的行业人才留存情况详见图 3-68。

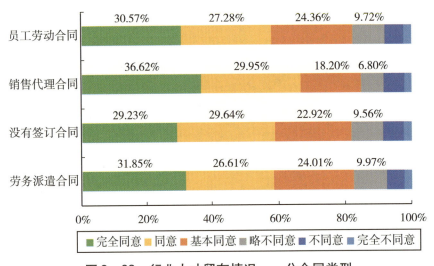

图 3-68　行业人才留存情况——分合同类型

3.10.1.5　分工作年限人才吸引与保留

对于"保险行业对我非常有吸引力"，从不同工作年限来看，认同度最高的是工作年限小于 1 年的从业者，认同度偏低的是工作年限超过 10 年的从业者。不同工作年限行业人才吸引情况详见图 3-69。

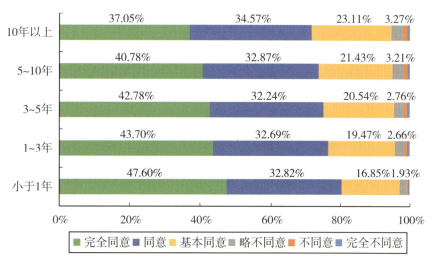

图 3 −69　行业人才吸引情况——分工作年限

对于"即使离开公司，我仍然会长期留在保险行业"，从不同工作年限来看，认同度最高的为工作年限小于 1 年的从业者，认同度偏低的是工作年限超过 10 年的从业者。不同工作年限行业人才留存情况详见图 3 − 70。

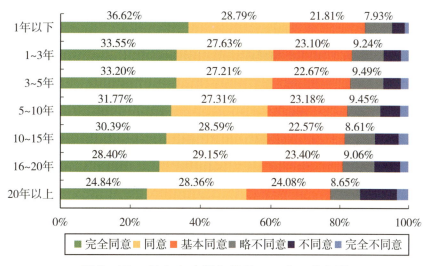

图 3 −70　行业人才留存情况——分工作年限

3.10.1.6　分年龄段人才吸引与保留

对于"保险行业对我非常有吸引力"，从各年龄段来看，认同度最高的是 60 岁以上的从业者，认同度偏低的是 56 ~ 60 岁以下的从业者。从过去三年的情况看，2018 年，认同度偏低的是 30 岁以下的从业者。各年龄段行业人才吸引情况详见图 3 − 71。

图 3-71　行业人才吸引情况——分年龄段

对于"即使离开公司，我仍然会长期留在保险行业"，从各年龄段来看，认同度最高的是 60 岁以上的从业者，认同度偏低的是 30 岁以下的从业者。从过去三年的情况看，不同年龄段从业者的认同度排序没有变化。各年龄段行业人才留存情况详见图 3-72。

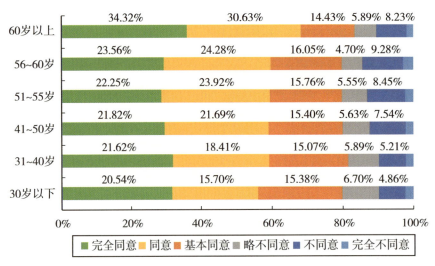

图 3-72　行业人才留存情况——分年龄段

3.10.1.7　分学历水平人才吸引与保留

对于"保险行业对我非常有吸引力"，从不同学历来看，认同度最高的是高中及以下学历的从业者，认同度偏低的是硕士研究生学历的从业者。从过去三年的情况看，2018 年认同度偏低的是硕士研究生学历从业者。不同学历行业人才吸引情况详见图 3 - 73。

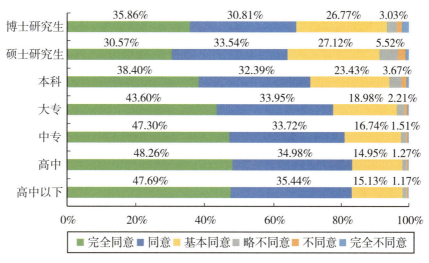

图 3 -73　行业人才吸引情况——分学历

对于"即使离开公司，我仍然会长期留在保险行业"，从不同学历来看，认同度最高的是高中及以下学历的从业者，认同度偏低的是硕士研究生学历的从业者。从过去三年的情况看，不同学历从业者的认同度排序没有变化。不同学历行业人才留存情况详见图 3 - 74。

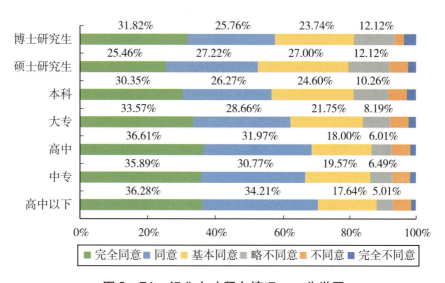

图 3 -74　行业人才留存情况——分学历

3.10.2 从业者价值观认同情况

3.10.2.1 价值观认同整体情况

价值观是企业文化管理的核心，价值观认同也是本次调研关注的从业者企业文化管理的关键议题。整体而言，超过 50% 参与调研的从业者反馈认同"稳健发展""客户至上""和谐""责任担当"的价值观。此类价值观的认同情况不仅体现了保险行业本身以防范风险为核心、以服务客户为途径的特点，同时也体现了保险行业进一步明确"保险姓保"定位以后公司企业文化管理的变化。2018 年，保险公司企业文化价值，排名前三位的是"以人为本""客户至上"和"稳健发展"，2019 年前三位变为"稳健发展""客户至上""和谐"。从业者价值观认同情况详见图 3 - 75。

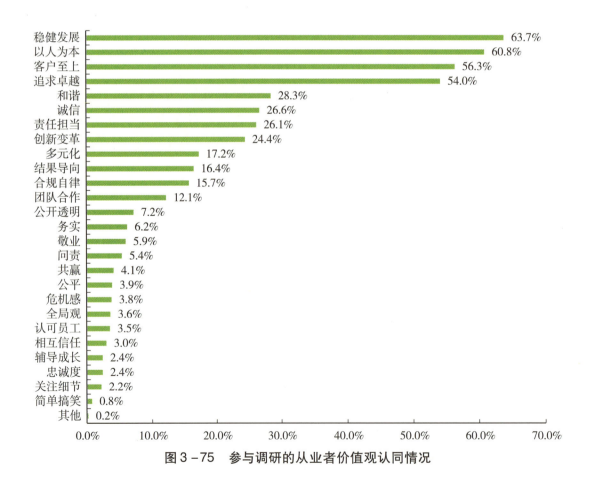

图 3 - 75　参与调研的从业者价值观认同情况

3.10.2.2 分机构类别价值观认同

不同类别机构的从业者普遍对"以人为本""客户至上""稳健发展""追求卓越"和"诚信"等企业价值观认同度最高，但是由于从业者所在机构类别不同，具体排序有一定差异。

保险集团或控股公司、财产险及责任险公司、农业保险公司、人身险公司、养老保险公司的从业者对于"稳健发展"认同度最高，中介机构的从业者认同度最高的是"客户至上"，保险资管公司的从业者由于其投资属性对于"追求卓越"的认同度最高。分机构类别的从业者价值观认同情况详见表3-41。

表3-41　　　　　　　从业者价值观认同情况——分机构类别

机构性质	第一		第二		第三		第四		第五	
	价值观	占比（%）	价值观	占比（%）	价值观	占比（%）	价值观	占比（%）	价值观	占比（%）
保险集团或控股公司	稳健发展	60	以人为本	57	追求卓越	54	客户至上	54	诚信	28
保险资管公司	追求卓越	65	稳健发展	64	以人为本	38	诚信	31	责任担当	29
财产险及责任险公司	稳健发展	60	以人为本	60	客户至上	55	追求卓越	52	和谐	30
地方协会	以人为本	100	稳健发展	75	责任担当	75	和谐	50	合规自律	50
互联网保险公司	客户至上	89	追求卓越	67	创新变革	67	结果导向	44	以人为本	33
健康险公司	以人为本	65	稳健发展	59	客户至上	51	追求卓越	50	和谐	32
农业保险公司	稳健发展	62	以人为本	58	客户至上	49	追求卓越	39	责任担当	32
其他相关机构	以人为本	83	稳健发展	83	追求卓越	74	客户至上	61	和谐	57
人身险公司	稳健发展	72	以人为本	65	客户至上	62	追求卓越	60	诚信	34
相互保险公司	客户至上	75	追求卓越	71	创新变革	71	责任担当	49	以人为本	38
养老保险公司	稳健发展	66	追求卓越	58	以人为本	53	客户至上	49	责任担当	39
再保险公司	客户至上	100	稳健发展	67	团队合作	67	以人为本	33	追求卓越	33
中介公司	客户至上	61	以人为本	53	稳健发展	50	追求卓越	40	和谐	35

3.10.2.3 分机构层级价值观认同

各层级机构从业者认同度最高的是"以人为本"，其次是"客户至上"和"稳健发展"。从过去三年的情况看，各层级机构从业者的价值观认同情况略有变化。公司总部层面，2017年排名第一位的"稳健发展"，在2018年与2019年排名第二位，2017 年排名第二位的"以人为本"成为第一位，二级、三级机构排名第一的价值观均从"以人为本"变为"稳健发展"。分机构层级的从业者价值观认同情况详见表 3 - 42。

表 3 - 42　　　　　　从业者价值观认同情况——分公司层级

公司层级	第一		第二		第三		第四		第五	
	价值观	占比(%)	价值观	占比(%)	价值观	占比(%)	价值观	占比(%)	价值观	占比(%)
一级机构（公司总部）	以人为本	50	稳健发展	14	客户至上	12	追求卓越	12	创新变革	8
二级机构（省级公司）	稳健发展	61	追求卓越	55	以人为本	54	客户至上	51	创新变革	30
三级机构（市级公司）	稳健发展	65	以人为本	61	客户至上	56	追求卓越	55	和谐	29
四级机构（县级公司）	以人为本	66	稳健发展	65	客户至上	61	追求卓越	54	和谐	30

3.10.2.4　分合同类型价值观认同

不同类型合同的从业者价值观认同度最高的是"以人为本"和"稳健发展"，签订员工劳动合同和销售代理合同的从业者认同度第二位的是"以人为本"，签订劳务派遣合同的从业者认同度第二位的是"稳健发展"。分合同类型的从业者价值观认同情况详见表 3 - 43。

表 3 - 43　　　　　　从业者价值观认同情况——分合同类型

合同类型	第一		第二		第三		第四		第五	
	价值观	占比(%)	价值观	占比(%)	价值观	占比(%)	价值观	占比(%)	价值观	占比(%)
员工劳动合同	稳健发展	63	以人为本	59	客户至上	54	追求卓越	52	和谐	28
销售代理合同	稳健发展	67	以人为本	64	客户至上	64	追求卓越	60	诚信	38
劳务派遣合同	以人为本	67	稳健发展	60	客户至上	55	追求卓越	51	和谐	36
没有签订合同	以人为本	66	客户至上	58	稳健发展	57	追求卓越	51	和谐	37

3.10.2.5　分工作年限价值观认同

不同工作年限的从业者认同度最高的价值观有所差异，工作年限在 3 年以下的从业者认同度最高的是"以人为本"，工作年限在 3～10 年的从业者认同度最高的是"稳健发展"，工作年限在 10 年以上的从业者认同度最高的是"稳健发展"。从过去三年的情况看，不同工作年限从业者的价值观认同中"客户至上"的认同度有所下降。分工作年限的从业者价值观认同情况详见表 3-44。

表 3-44　　　　　　　　从业者价值观认同情况——分工作年限

工作年限	第一		第二		第三		第四		第五	
	价值观	占比（%）	价值观	占比（%）	价值观	占比（%）	价值观	占比（%）	价值观	占比（%）
小于 1 年	以人为本	68	稳健发展	61	客户至上	55	追求卓越	55	和谐	34
1～3 年	以人为本	65	稳健发展	62	追求卓越	54	客户至上	54	和谐	32
3～5 年	稳健发展	63	以人为本	61	客户至上	55	追求卓越	54	和谐	29
5～10 年	稳健发展	63	以人为本	58	客户至上	57	追求卓越	54	和谐	27
10 年以上	稳健发展	67	客户至上	59	以人为本	58	追求卓越	53	创新变革	28

3.10.2.6　分年龄段价值观认同

不同年龄段的从业者价值观认同度排序前三位的主要是"稳健发展""以人为本""客户至上"。从过去三年的情况看，不同年龄段的从业者价值观认同没有变化。分年龄段的从业者价值观认同情况详见表 3-45。

表 3-45　　　　　　　　从业者价值观认同情况——分年龄段

年龄段	第一		第二		第三		第四		第五	
	价值观	占比（%）	价值观	占比（%）	价值观	占比（%）	价值观	占比（%）	价值观	占比（%）
30 岁以下	以人为本	62	稳健发展	59	追求卓越	53	客户至上	49	和谐	31
31～40 岁	稳健发展	63	以人为本	59	客户至上	56	追求卓越	54	和谐	28
41～50 岁	稳健发展	69	客户至上	64	以人为本	62	追求卓越	55	诚信	34
51～55 岁	稳健发展	70	客户至上	68	以人为本	65	追求卓越	57	诚信	35
56～60 岁	稳健发展	68	以人为本	68	客户至上	66	追求卓越	56	诚信	34
60 岁以上	稳健发展	75	客户至上	73	以人为本	71	追求卓越	67	诚信	38

3.10.2.7 分学历价值观认同

不同学历的从业者价值观认同度，高中及以下和中专学历从业者价值观认同度最高的是"以人为本"，大专及以上学历从业者价值观认同度最高的是"稳健发展"。从过去三年的情况看，不同学历的从业者价值观认同变化不大，对"创新变革"的认同有所提高。分学历的从业者价值观认同情况详见表 3 - 46。

表 3 - 46　　　　　　　　从业者价值观认同情况——分学历

学历	第一		第二		第三		第四		第五	
	价值观	占比(%)	价值观	占比(%)	价值观	占比(%)	价值观	占比(%)	价值观	占比(%)
高中以下	以人为本	69	客户至上	68	稳健发展	63	追求卓越	55	诚信	44
高中	客户至上	68	稳健发展	67	以人为本	66	追求卓越	60	诚信	41
中专	以人为本	65	稳健发展	65	客户至上	64	追求卓越	57	诚信	37
大专	稳健发展	65	以人为本	65	客户至上	59	追求卓越	54	和谐	31
本科	稳健发展	62	以人为本	58	追求卓越	53	客户至上	52	创新变革	28
硕士研究生	稳健发展	57	追求卓越	48	以人为本	47	客户至上	46	创新变革	34
博士研究生	稳健发展	60	以人为本	59	追求卓越	52	客户至上	41	创新变革	28

3.10.3　从业者敬业度情况

3.10.3.1　敬业度整体得分情况

从业者敬业度通过"思想""态度""行为"三方面来评价：思想体现为从业者对于公司整体价值观理念、战略目标的认可度；态度体现为从业者的留任意愿；行为体现为对工作的干劲、热情以及工作职责外对公司的投入程度。敬业度情况通过自陈式问卷调查获得，问卷中通过若干问题对敬业度情况进行评估，每个问题设六个选项"完全同意、同意、基本同意、略不同意、不同意、完全不同意"，六个选项对应分值依次为 6 分到 1 分，所有敬业度相关问题的平均分不低于 4.5 分则视为是"敬业的员工"，4.5 分为敬业标准。

根据从业者问卷调研，保险行业从业者整体敬业度得分为 5.23 分，高于敬业标准 4.5 分。从敬业度的三个维度来看，得分最高的是思想敬业度，其次是态度敬业度，得分最低的是行为敬业度。保险行业从业者敬业度得分详见图3－76。

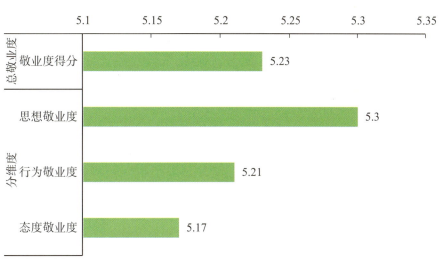

图3－76　保险行业从业者敬业度得分

影响从业者敬业度表现高低的是三大驱动力：环境驱动力、群体驱动力和个人驱动力。环境驱动力表现为个人受到的工作场所和企业的影响，包括企业高管领导力、整体机制流程、企业风格等；群体驱动力表现为个人与工作场所相关的各方的互动关系，包括与直接上级、同事团队以及内部沟通互动的情况；个人驱动力表现为获得的物质回报、职业回报与个人能力成长、完成工作的条件满足情况。驱动力计分方式同敬业度，驱动力优秀的标准为4.5分。

根据从业者问卷调研，保险行业总体驱动力得分5.1分，高于驱动力优秀标准4.5分。从三大驱动力维度来看，得分最高的是环境驱动力，其次是群体驱动力，得分最低的是个人驱动力。保险行业从业者驱动力得分详见图3－77。

3.10.3.2　敬业度分条线得分情况

2020年回收的213004份有效从业者问卷中，107116份来自保险营销员条线（含代理人），另外105888份来自非销售从业者。从敬业度来看，销售条线从业者敬业度整体得分5.29分，非销售条线从业者敬业度整体得分5.17分。从敬业度三个维度来看，态度敬业度得分销售条线从业者高于非销售条线从业者0.15分，思想敬业度得分销售条线从业者高于非销售条线从业者0.09分，行为敬业度得分销售条线从业者高于非销售条线从业者0.11分。各条线从业者敬业度得分详见图3－78。

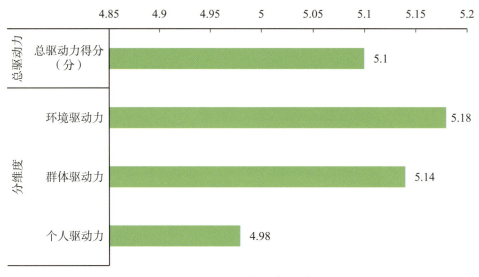

图 3-77 保险行业从业者驱动力得分

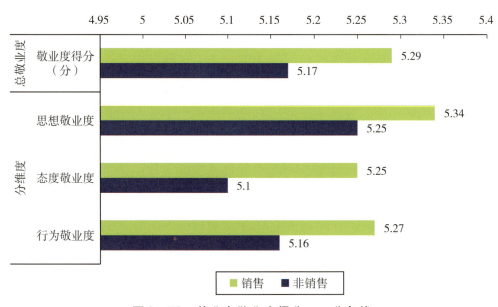

图 3-78 从业者敬业度得分——分条线

　　从驱动力来看，销售条线从业者整体驱动力得分 5.29 分，非销售条线从业者整体驱动力得分 5.02 分。从三大驱动力维度来看，个人驱动力得分销售条线从业者高于非销售条线从业者 0.42 分；群体驱动力得分销售条线从业者高于非销售条线从业者 0.18 分；环境驱动力得分销售条线从业者高于非销售条线从业者 0.2 分。各条线从业者驱动力得分详见图 3-79。

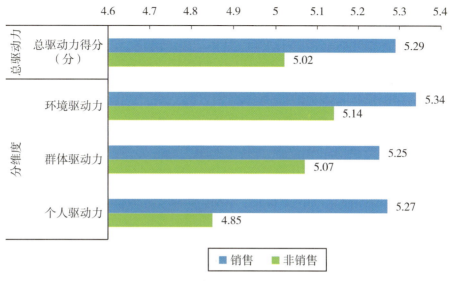

图 3-79 从业者驱动力得分——分条线

以敬业度得分 4.5 分及以上的人员作为敬业从业者，计算不同条线中敬业从业者占全部参与调研从业者的比例。销售条线的敬业从业者占比为 85.91%，比非销售条线的敬业从业者占比高 4.22%；从敬业度三个维度来看，思想敬业从业者占比，销售条线比非销售条线占比高 3.54%；态度敬业从业者占比，销售条线比非销售条线占比高约 4.68%；行为敬业从业者占比，销售条线比非销售条线占比高 3.63%。各条线敬业从业者比例详见图 3-80。

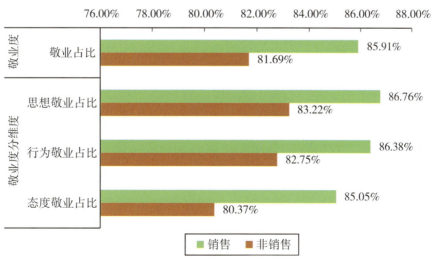

图 3-80 敬业从业者比例——分条线

以驱动力得分 4.5 分及以上人员为高驱动力从业者，计算不同条线中高驱动力从业者占全部参与调研从业者的比例。销售条线高驱动力从业者占比为 80.64%，比非销售条线的高驱动力从业者高 6.17%。从三大驱动力维度来看，个人驱动高分从业者占比，销售条线比非销售条线高 9.65%；群体驱动高分从业者占比，销售条线比非销售条线高 5.72%；环境驱动高分从业者占比，销售条线比非销售条线高 3.27%。各条线高驱动力从业者比例详见图 3–81。

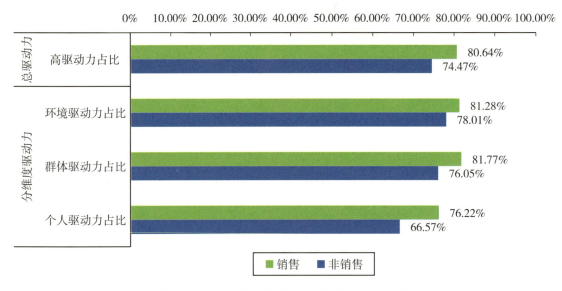

图 3–81　高驱动力从业者比例——分条线

3.10.4　案例：明治生命——新型工作方式*

日本明治安田生命保险公司（Meiji Yasuda Life Insurance，以下简称"明治安田人寿"）是由日本明治生命保险公司和安田生命保险公司于 2004 年合并而来的。在 2019 年的《财富》世界 500 强榜单中，日本明治安田生命保险公司位列第 324 位。

明治安田人寿一直致力于在企业中培育多元化的企业文化，鼓励员工相互协作和相互帮助。同时要求管理层在工作环境中积极推动这种企业文化以促进员工发展和提高组织效能，此外，公司每年都会举办年度内部奖励计划来表彰文化实践的模范个人。

---

* 资料来源：明治生命企业年报。

明治安田人寿在所有业务单元都推出了"工作—生活"的设计方案，主要包括定期在家办公、弹性工作等，旨在帮助员工实现工作与生活的平衡以提高工作效率。这个项目会由专门的工作小组来评估每个业务单元的工作—生活平衡状态，并且与业务单元的负责人绩效考核挂钩。

此外，明治安田人寿还在全公司层面发起"我的风格"运动，采用更宽松的着装要求。比如员工可以穿运动鞋代替正式商务鞋。此举旨在帮助员工拥抱更灵活的工作方式，提出非传统的想法。

日本明治安田生命保险公司通过这样的方式，帮助每个业务单元结合最佳实践来创造理想的企业文化和工作环境。

3.10.5　案例：瑞士再保险——通过"拥有自己的工作方式"传导公司文化*

瑞士再保险公司（以下简称"瑞再"）是瑞士最大的专业再保险公司，仅次于慕尼黑再保险公司的第二大国际再保险公司。于1863年成立，现有职员3000人，在世界各地的主要城市均设有分支机构。近年来通过"拥有自己的工作方式"传导公司文化。其公司愿景核心为"把时间花在最重要的事情上、关注客户/团队/股东的需求，结果导向"，它基于信任，是公司和个人之间、团队之间、部门经理和员工之间的相互承诺。并且在公司内部形成了四大行为共识：

第一，通过调整工作方式、时间和地点，灵活应对那些对我们和客户影响重大的变化；

第二，专注为公司和客户创造产出和价值；

第三，通过跨层级、团队和共享信息来消除边界，激发新的想法和解决方案，构建促进个人和专业成长的环境；

第四，考虑公司、客户、团队的需求，以自己的工作方式为傲。

从结果上看，员工可以基于集中、协作、交流的需要选择工作空间，灵活管理日常生活，通过技术跨越团队和地点使员工无缝连接，充分释放员工的创造力，有效提升工作满意度。

---

* 资料来源：瑞士再保险企业年报。

第4章 中国保险行业人力资源现状分析（二）

第 4.1 节 保险行业营销员 （含代理人） 队伍情况

本节主要通过保险营销员 （含代理人） 的更迭流动、培训与职业发展建设、薪酬激励、人均效能等方面，全面展现保险行业营销员 （含代理人） 队伍现状。

4.1.1 保险营销员 （含代理人） 更迭与流动

保险营销员 （含代理人） 上一次离职的原因，排名前两位的是 "新公司提供了更好的薪酬水平和福利" "自己想要有更丰富的职业经验和阅历"，分别占比 13%、11%。此外，由于 "原公司业绩考核和晋升制度" "归属感" 以及 "公司业务支持" 等原因离职的各占约 10%。

保险营销员 （含代理人） 认为保险代理营销员流动率高的约占 92%，20.03% 的营销员认为 "收入来源单一，收入水平偏低且不稳定" 是主要原因，19.54% 的营销员认为 "与保险公司关系不稳定，缺少归属感" 是主要原因，16.05% 的营销员认为 "缺少内勤员工的劳动保障如五险一金等" 是主要原因，12.70% 的营销员认为 "社会地位低，名声较差，导致职业认同感低" 是主要原因，其他选择有 "职业发展前景不明，职业发展通道受阻" "公司支持不够，无法获取业务" 与 "个税起征点高，税率高且社保费用不能在税前收入中扣除，导致税负较重"。保险营销员 （含代理人） 认为保险代理营销员流动率高的主要原因见图 4 – 1。

保险营销员 （含代理人） 对于当前工作在职时长的期望，50% 的从业者希望能从事目前这份工作 5 年以上，约 33% 的从业者希望从事目前这份工作至少 1 ~ 5 年。保险营销员 （含代理人） 愿意继续为公司工作的原因，超过 28% 的从业者认为是收入及福利水平，超过 22% 的从业者认为是职业发展规划，超过 14% 的从业者认为是企业文化及公司发展前景。

保险营销员 （含代理人） 销售过程中面临的困难，排序第一位的是 "竞争激烈"，其次是 "保险理念不被认同"，排序第三位的是 "产品不被认同"。保险营销员 （含代理人） 面临的困难详见图 4 – 2。

图 4-1 保险营销员（含代理人）认为保险代理营销员流动率高的原因

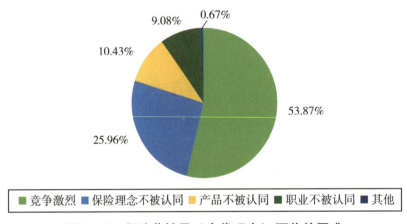

图 4-2 保险营销员（含代理人）面临的困难

4.1.2 保险营销员（含代理人）培训与职业发展

从培训费用投入内容来看，营销员（含代理人）培训费用投入排序前三位的依次是保险专业知识、营销技巧、行为道德规范。

从培训内容来看，营销员（含代理人）培训内容排序前三位的依次是保险专业知识、营销技巧、基础金融知识。

从保险营销员（含代理人）月度培训时长来看，参与调研的保险营销员（含代理人）每月接受 8 小时以下培训的占比为 37.16%；每月接受 9~16 小时培训的占比为 32.17%；每月接受 17~40 小时培训的占比为 19.24%；每月接受 41 小时以上培训的占比为 11.43%。

从培训效果评价来看，认为培训"基本或完全可以满足我的工作需要"的占比超过 91%。

4.1.3　保险营销员（含代理人）薪酬激励

从薪酬福利构成来看，保险营销员（含代理人）享有率最高的奖金和福利项目是社保、公积金，享有率均超过 20%，奖金的享有率约为 18%，企业年金的享有率为 12% 左右。

从总薪酬水平来看，参与调研的保险营销员（含代理人）年度总薪酬在 2.4 万元以下的占比为 17.8%，年度总薪酬在 2.4 万元到 4.2 万元区间的占比为 21.2%，年度总薪酬在 4.2 万元到 6 万元区间的占比为 18.9%，年度总薪酬在 6 万元到 12 万元区间的占比为 25.1%，年度总薪酬在 12 万元以上的占比为 17.0%。

从保险营销员（含代理人）对薪酬水平的评价来看，对目前的薪酬水平满意的占比为 48.5%，对目前的薪酬水平比较不满意的占比为 6.57%；对目前的薪酬水平非常不满意的占比为 3.69%。

从行业总体来看，2017～2019 年保险营销员（含代理人）人均年保费收入 25 分位值为 9.43 万元，50 分位值为 18 万元，75 分位值为 31.2 万元。对比 2015～2019 年保险营销员（含代理人）人均年保费收入，25 分位值、50 分位值与 75 分位值上升明显。2017～2019 年保险营销员（含代理人）人均年保费收入情况详见表 4 - 1。

表 4 - 1　　　　2017～2019 年保险营销员（含代理人）人均年保费收入　　　单位：万元

类别	2017 年	2018 年	2019 年
25 分位	4.18	4.04	9.43
50 分位	10.78	8.03	18
75 分位	22.95	17.28	31.2

对比不同险种公司，财产险公司人均年保费收入各分位值均高于人身险公司。各类型保险公司 2019 年人均年保费收入详见表 4 - 2。

表 4 - 2 　　　　　　　　分险种保险公司 2019 年人均年保费收入 　　　　单位：万元

类别	财产险公司	人身险公司
25 分位	20.04	5.12
50 分位	26.79	11.57
75 分位	32.93	27.60

2019 年保险营销员（含代理人）首年规模保费 25 分位值为 2.60 万元，50 分位值为 5.34 万元，75 分位值为 13.00 万元。相较 2018 年度保险营销员（含代理人）首年规模保费均有所上升。2017~2019 年保险公司人均首年规模保费详见表 4 - 3。

表 4 - 3 　　　　　　　　2017~2019 年保险公司人均首年规模保费

类别	2017 年	2018 年	2019 年
25 分位	3.72	2.54	2.60
50 分位	5.44	4.51	5.34
75 分位	8.55	8.23	13.00

对比不同险种公司，财产险公司人均首年规模保费的 75 分位值高于人身险公司。2019 年保险公司人均首年规模保费详见表 4 - 4。

表 4 - 4 　　　　　　　　2019 年保险公司人均首年规模保费 　　　　单位：万元

类别	财产险公司	人身险公司
25 分位	—	4.05
50 分位	3.49	5.44
75 分位	26.07	9.99

4.1.4　保险营销员（含代理人）年人均保单

从行业总体来看，保险营销员（含代理人）2019 年人均保单数量 25 分位值为 8，50 分位值为 21，75 分位值为 156。对比 2017~2019 年保险营销员（含代理人）年人均保单数量，25 分位值、50 分位值、75 分位值上升明显。2017~2019 年保险营销员（含代理人）人均保单数量详见表 4 - 5。

表 4 –5　　　　　2017 ~2019 年保险营销员（含代理人）年人均保单数量

类别	2017 年	2018 年	2019 年
25 分位	6.72	5.77	8
50 分位	12.01	14.13	21
75 分位	71.85	66.93	156

4.1.5　案例：中信保诚保寿险的"超级经理人"计划*

为进一步满足高净值客户需求，提升高净值客户服务质量和市场占有率。2019 年，中信保诚在"卓越经理人"的成功实践基础上，分别在北京和广州进行试点，推出"超级经理人"计划。该计划旨在打造高净值人群专属经理人服务体系，借助高津贴择优聘用方式，瞄准精英群体，塑造和培养一批高水平经理人。

相较于卓越经理人，"超级经理人"计划对人才的选拔标准更高。在硬性门槛方面，除了对工作年限要求大于 3 年以外，候选人还要提供过往年收入大于 30 万元或家庭收入大于 50 万元的证明；同时，有数量不低的超级经理人是来自世界五百强的骨干精英，在加入之前就具备一定的管理经验和销售经验。在软性门槛方面，中信保诚非常看重"超级经理人"身上的成功特质，借助 PUP、DISC 等测评工具，对候选人的进取心、学习力等素质进行测评，对其进行综合评估。

中信保诚对超级经理人的培养目标是成为"保险企业家"。在激励方面，中信保诚为超级经理人提供为期 3 个月的训练津贴，12 个月的展业奖金支持，24 个月的专项财务支持以及 12 个月的季度持续成就奖等。不仅如此，超级经理人入职后还有长达 3 个月的封闭培训，每期 10 ~ 15 人，并且后续还有更多的延展和回训。经过两年多的实践，超级经理人的月产能约为卓越经理人的 2 倍，并且留存率超过 70%，成为中信保诚经理人群体中的中流砥柱。未来，中信保诚将继续大力发展"超级经理人"计划，坚持专业化发展，给客户更有温度和更高质量的服务。

4.1.6　案例：中美大都会——新纪元菁英计划**

大都会人寿认为代理人最原发的、长期的发展动力主要来自职业生涯的前景预

---

*、**　资料来源：由编写组成员进行行业访谈后整理所得。

期和一步步走向成功的过程。前期代理人的成功模型，往往激励着新的候选人加入大都会，并在大都会实现自我的人生价值。

大都会人寿顾问行销渠道始终坚持以行业最高标准来选拔人才。通过严格的甄选流程（七步甄选）、完善的培育体系、清晰的职业生涯规划，借助正确的客户需求导向的销售理念，致力于培养精英团队、保险企业家。

为了选择合适的人才加入顾问行销渠道，候选人除了要符合大都会人寿制定的包含"学历""过往年收入""有无寿险经验"等严格的选才标准外，还要经过七个步骤的双向甄选和面试流程，并在完成长达约 20 天的新人岗前培训且成功结训后方可以加入公司，成为一名寿险规划师。长达 20 天的岗前培训，这在整个行业中也是独树一帜的。

在岗前培训中，除了系统地学习基础保险知识，大都会人寿着重培育每一位新人学习并掌握"以客户需求为导向"（Needs Based Selling）的销售理念和流程，同时让他们接受正确的从业理念，了解"寿险规划师的使命和价值"，并谨记"寿险规划师宣言"（LPship），即："我将以待己之心，尽我所能，了解客户需求，并如同身受般，提供最周全的服务"。

在新人成功完成岗前培训，成为一名正式的寿险规划师后，大都会人寿顾销渠道会在他们成长发展的每一个阶段提供相应的培训和辅导，以确保他们拥有在发展的每个阶段和所晋升的每个职位上都具备应有的知识和技能。这些系统的培训内容主要包含作为销售人员的销售知识和技能系列培训，以及作为业务主管的招募、管理、辅导等知识技能系列培训。

在每一个成长节点，例如提升到精英销售职、MDRT、业务经理、营业处经理，公司无论从业务制度层面还是荣誉体系层面，都充分激励并表彰代理人的努力和进步。

同时，大都会人寿敏锐地洞察到了社会和客户需求的变化将导致的行业变革，在 2019 年 10 月，在业界率先发布了顾问行销渠道价值主张（Agency Value Proposition）"是规划师，更是人生伙伴"（From Life Planner to Life Partner）。这一价值主张在"寿险规划师"（Life Planner）这一职业角色的基础上，以客户为中心，全新定义了寿险代理人的社会角色、凸显了永续服务客户，做客户人生伙伴的使命和社会价值。大都会人寿顾问行销渠道价值主张四维度中的"专业度""同理心"也突出了大都会人寿追求全方位地为客户提供保障服务和客户体验以人为本的设计理念。

第4.2节　保险科技人员管理实践

本节主要通过保险科技人员的组织与职位体系、薪酬管理、绩效管理方式、核算模式等方面，展示保险科技人员管理实践情况。

4.2.1　组织与职位体系

4.2.1.1　人员结构

在保险科技人员的服务公司员工人数方面，参与调研保险公司的平均值为75人，大型公司为148人，中小型公司为54人。

在性别结构方面，参与调研保险公司保险科技人员中男性占比75%，不同险种、不同规模公司与行业总体基本一致。

在学历结构方面，保险科技人员在各专业序列中学历水平较高，参加调研保险公司中保险科技人员本科学历人员占比79%，远高于行业整体的51%。

在年龄结构方面，保险科技人员在各专业序列中相对年轻，参加调研保险公司中保险科技人员35岁以下员工人数占比为70%，高于行业整体的64%。

保险科技人员结构情况详见表4-6。

表4-6　　　　　　　保险科技人员性别、学历、年龄结构　　　　单位：%

项目		行业总体	财产险公司	人身险公司	大型公司	中小型公司
性别结构	男	75	77	73	80	73
	女	25	23	27	20	27
学历结构	大专及以下	7	8	8	8	8
	本科	79	78	82	80	81
	硕士研究生及以上	13	14	10	11	11
年龄结构	25 岁及以下	11	9	12	12	10
	26 ~ 35 岁	59	58	60	55	61
	36 ~ 45 岁	26	28	24	27	26
	46 岁及以上	4	4	4	7	3

4.2.1.2 组织形式

从行业总体来看，保险科技职能在集团共享的占比为 22%、公司集中共享的占比为 72%、分公司集中共享的占比为 1%、独立子公司协同的占比为 5%。财产险公司按照上述顺序依次为：23%、70%、0%、7%；人身险公司按照上述顺序依次为：15%、81%、2%、2%；大型公司按照上述顺序依次为 50%、50%、0%、0%；中小型公司按照上述顺序依次为 12%、83%、1%、4%。

4.2.1.3 职位体系

从行业总体来看，33% 的参与调研保险公司为保险科技人员建立了独立职位体系；不同险种公司与行业总体基本保持一致；对比不同规模公司，大型公司为保险科技人员建立独立职位体系的占比为 71%，高于中小型公司的 43%。

4.2.1.4 职位层级

职位层级是指保险科技人员职业通道中的职位层级数量。职位层级体现公司对专业序列人员的角色定位、业绩贡献要求等，职位层级的数量通常根据专业人员成长速度的一般规律、公司对于员工职业成长的理念、各层级角色定位及能力要求等因素而确定。保险科技人员职位层级数量详见表 4-7。

表 4-7 保险科技人员职位层级数量排名

项目	排行	行业总体	财产险公司	人身险公司	大型公司	中小型公司
层级排名	1	4	5	4	15	4
	2	5	7	6	16	5
	3	15	15	14	18	6

4.2.1.5 职位体系发展空间

从行业总体来看，保险科技人员职位层级发展上限能够达到相当于基层管理者层级的占比为 7%、相当于中层管理者层级的占比为 11%、相当于高层管理者层级的占比为 59%、相当于核心层管理者层级的占比为 23%；财产险公司按照上述顺序依次为 7%、7%、63%、23%；人身险公司按照上述顺序依次为 9%、17%、49%、25%。

4.2.2　薪酬管理

4.2.2.1　薪酬总额管控方式

从行业总体来看，参与调研保险公司对保险科技职能薪酬总额管控方式，预算制管理的占比为 72%、准事业部核算制的占比为 6%、管理者结合实际情况统筹决定的占比为 18%、其他方式的占比为 4%；财产险公司按照上述顺序依次为 64%、7%、25%、4%；人身险公司按照上述顺序依次为 76%、5%、16%、3%。

4.2.2.2　薪酬市场对标

在薪酬策略对标市场情况方面，从行业总体来看，保险科技以整体不分职能选择相同市场对标的占比为 40%、保险科技职能分传统与创新职能分别开展市场对标的占比为 6%、按照不同岗位选择不同市场对标的占比为 44%、其他方式的占比为 10%；财产险公司按照上述顺序依次为 35%、10%、52%、3%；人身险公司按照上述顺序依次为 45%、5%、38%、12%；大型公司按照上述顺序依次为：33%、33%、33%、1%；中小型公司按照上述顺序依次为 41%、4%、45%、10%。

在创新职能所选择的对标市场方面，从行业总体来看，87% 的保险公司选择对标保险行业 IT，53% 的保险公司选择对标金融行业 IT，55% 的保险公司选择对标互联网行业 IT，53% 的保险公司为保险科技各子职能对标金融科技 IT，26% 的保险公司为保险科技各子职能对标全行业 IT；不同险种公司与行业总体基本保持一致。

在传统职能 – 开发所选择的对标市场方面，从行业总体来看，95% 的保险公司选择对标保险行业 IT，56% 的保险公司选择对标金融行业 IT，23% 的保险公司选择对标互联网行业 IT，50% 的保险公司选择对标金融科技 IT，23% 的保险公司选择对标全行业 IT。对比不同险种公司，平均 45% 的财产险公司对标金融行业 IT，低于人身险公司的 62%。

在传统职能 – 运维所选择的对标市场方面，从行业总体来看，97% 的保险公司选择对标保险行业 IT，44% 的保险公司选择对标金融行业 IT，15% 的保险公司选择对标互联网行业 IT，36% 的保险公司选择对标金融科技 IT，19% 的保险公司选择对标全行业 IT。对比不同险种公司，平均 18% 的财产险公司对标金融行业 IT，高于人身险公司的 8%。

各类型保险公司保险科技职能薪酬市场对标情况详见表4-8~表4-10。

表4-8　　　　　　　行业总体——保险科技职能对标市场情况　　　　　单位：%

职能	保险行业 IT	金融行业 IT	互联网行业 IT	金融科技 IT	全行业 IT
创新职能	87	53	55	53	26
传统职能 – 开发	95	56	23	50	23
传统职能 – 运维	97	44	15	36	19

表4-9　　　　　　财产险公司保险科技职能对标市场情况　　　　　单位：%

职能	保险行业 IT	金融行业 IT	互联网行业 IT	金融科技 IT	全行业 IT
创新职能	84	62	50	55	30
传统职能 – 开发	90	45	27	45	20
传统职能 – 运维	90	45	18	27	20

表4-10　　　　　人身险公司——保险科技职能对标市场情况　　　　　单位：%

职能	保险行业 IT	金融行业 IT	互联网行业 IT	金融科技 IT	全行业 IT
创新职能	90	50	56	47	21
传统职能 – 开发	97	62	17	46	23
传统职能 – 运维	100	38	8	31	15

4.2.2.3　薪酬结构

关于保险科技部门各层级的薪酬结构，在创新职能方面，从行业总体看，L1~L6级的"基本薪酬/（基本薪酬＋目标绩效薪酬）"占比依次为68.4%、69.0%、66.3%、62.6%、61.2%、47.9%；"基本薪酬/（基本薪酬＋实际绩效薪酬）"的占比依次为68.3%、65.3%、65.7%、61.9%、62.4%、47.4%。

在传统职能方面，从行业总体看，L1~L6级的"基本薪酬＋目标绩效薪酬"的占比依次为72.6%、78.6%、76.4%、72.7%、63.1%、47.6%；"基本薪酬/（基本薪酬＋实际绩效薪酬）"的占比依次为70.8%、77.1%、73.4%、71.6%、65.2%、53.2%。创新职能与传统职能薪酬结构详见表4-11。

表 4 - 11　　　　保险科技——行业总体创新职能与传统职能薪酬结构　　　单位：%

层级	传统职能		创新职能	
	基本薪酬/（基本薪酬＋目标绩效薪酬）	基本薪酬/（基本薪酬＋实际绩效薪酬）	基本薪酬/（基本薪酬＋目标绩效薪酬）	基本薪酬/（基本薪酬＋实际绩效薪酬）
L1	72.6	70.8	68.4	68.3
L2	78.6	77.1	69.0	65.3
L3	76.4	73.4	66.3	65.7
L4	72.7	71.6	62.6	61.9
L5	63.1	65.2	61.2	62.4
L6	47.6	53.2	47.7	47.4

4.2.3　绩效管理方式

从行业总体来看，关于保险科技为公司带来的效率和产能的衡量方式，以"科技替代人力帮助总员工人数减少"衡量效率和产能的占比为6%，以"科技替代人力帮助总员工人数的增速降低"衡量效率和产能的占比为10%，以"科技提高运营效率帮助员工加班时间减少"衡量效率和产能的占比为12%，以"科技提升客户体验帮助营业收入增速提升"的占比为59%，认为"短期内对人力投入的影响不明显"的占比为12%，选择其他方式的占比为1%；财产险公司按照上述顺序依次占比为7%、14%、3%、55%、20%、1%；人身险公司按照上述顺序依次占比为8%、10%、10%、62%、8%、2%。

4.2.3.1　传统职能保险科技人员绩效考核方式

从行业总体来看，公司对于传统保险科技职能的主要绩效考核方式，排名前两位的分别为 KPI 考核与工作目标考核；对比不同险种公司，人身险公司采用 KPI 考核的占比高于财产险公司；对比不同规模公司，大型公司采用 KPI 考核的占比为40%，低于中小型公司的45.9%。公司对传统保险科技职能的考核方式详见图 4 - 3。

4.2.3.2　创新职能保险科技人员绩效考核方式

从行业总体来看，对于创新保险科技职能的主要绩效考核方式，排名前两位的分别为 KPI 考核和工作目标考核；对比不同险种公司，人身险公司采用 KPI 考核方式的占比为 53.8% 高于财产险公司的 37.5%；对比不同规模公司，大型公司采用 KPI 考核方式的占比为 40% 低于中小型公司的 44.1%。公司对创新保险科技职能的考核方式详见图 4-4。

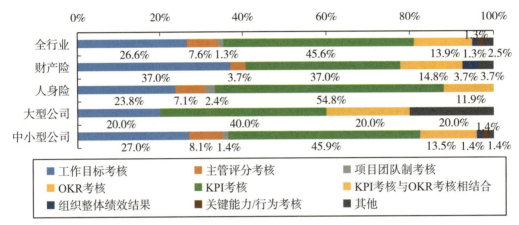

图 4-3   公司对传统保险科技职能的考核方式

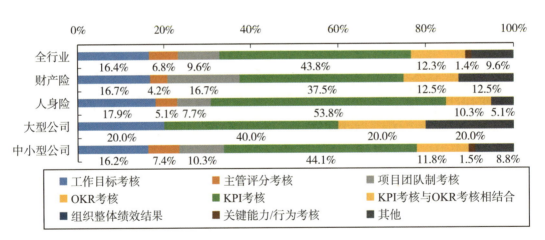

图 4-4   公司对创新保险科技职能的考核方式

4.2.4   保险科技部门核算模式

在内部核算收费与记录方面，从行业总体来看，29% 的参与调研保险公司保险科技部门对其他部门进行内部核算收费与记录；不同险种、不同规模的公司与行业总体基本保持一致。

在外包费用计入人力成本总额方面，从行业总体来看，25% 的参与调研保险公司对保险科技部门的项目外包费用计入人力成本总额进行统一管控；不同险种公司与行业总体基本保持一致；对比不同规模公司，33% 的大型公司对保险科技部门的项目外包费用计入人力成本总额进行统一管控，高于中小型公司的 25%。

第4.3节　保险资产管理人员管理实践

本节主要通过保险资产管理人员的组织与职位体系、薪酬管理、绩效管理等方面的研究，展示保险资产管理人员管理实践情况。

4.3.1　组织形式与职位体系

4.3.1.1　组织形式

从行业总体来看，资产管理职能组织模式为资产管理部门形式的占比为 77%、为事业部制形式的占比为 4%、为下属独立资产管理子公司形式的占比为 13%、为集团资产管理子公司形式的占比为 6%；财产险公司按照上述顺序依次为：93%、0、0、7%；人身险公司按照上述顺序依次为 74%、5%、19%、2%；大型公司按照上述顺序依次为 86%、0、14%、0；中小型公司按照上述顺序依次为 77%、4%、13%、6%。

4.3.1.2　职位体系

从行业总体来看，有 27% 的公司设置了独立职位体系，不同险种公司与行业总体基本保持一致。

4.3.1.3　职位体系发展空间

从行业总体来看，26.5% 的保险公司为保险资管人才设置了与其他专业序列不同的独立职位晋升体系；对于财产险公司而言，占比为 25.9%；对于人身险公司而言，占比为 23.5%。

4.3.2　薪酬管理

4.3.2.1　薪酬总额管控

从行业总体来看，保险公司对保险资管职能薪酬总额管控方式中，预算制管理的占比为 73%、准事业部核算制的占比为 0%、管理者结合实际情况统筹决定的占比为 22%、其他方式的占比为 5%;财产险公司按照上述顺序依次为 60%、0%、33%、7%;人身险公司按照上述顺序依次为 80%、0%、18%、2%。

4.3.2.2　薪酬市场对标

在保险资管内部各职能是否选择不同市场对标方面,从行业总体来看,资产管理部门/子公司整体不分职能选择相同市场对标的占比为 51%、按固定收益投资、权益投资等职能选择不同市场对标的占比为 11%、按不同岗位选择不同市场对标的占比为 28%、其他方式的占比为 10%;财产险公司按照上述顺序依次为 59%、7%、24%、10%;人身险公司按照上述顺序依次为 45%、14%、31%、10%。

在公司资产管理职能不同岗位对标的行业方面,从行业总体来看,88% 的保险公司在投资与研究职能上对标保险行业资产管理,占比最高,19% 的保险公司在销售职能上对标泛资产管理(各类型资管行业综合),占比最低;不同险种公司与行业总体基本保持一致。各类型公司选择公司资产管理职能市场对标情况详见表 4 - 12 ~ 表 4 - 14。

表 4 - 12　　　　行业总体——公司资产管理职能市场对标情况　　　　单位:%

项目	保险行业	基金行业	泛资管(各类型资管行业综合)
投资与研究	88	28	21
销售	78	23	19
运营及中后台	80	22	22
其他	76	20	20

表 4 - 13　　　　财产险公司——公司资产管理职能市场对标情况　　　　单位:%

项目	保险行业	基金行业	泛资管(各类型资管行业综合)
投资与研究	89	30	11
销售	80	11	11
运营及中后台	79	11	11
其他	62	11	11

表 4 - 14　　　　　　　人身险公司——公司资产管理职能市场对标情况　　　　单位：%

项目	保险行业	基金行业	泛资管（各类型资管行业综合）
投资与研究	87	17	23
销售	76	18	18
运营及中后台	78	18	25
其他	83	20	20

4.3.2.3　薪酬结构

从行业总体来看，L1 ~ L6 职级"固定薪酬/目标总薪"的占比依次为 68.2%、71.6%、69.3%、68.1%、64.1%、55.1%。"固定薪酬/实际总薪"的占比依次为 65.5%、68.2%、64.3%、65.3%、60.4%、54.2%。保险资管部门各层级的薪酬结构详见表 4 - 15。

表 4 - 15　　　　　　　　保险资管部门各层级的薪酬结构　　　　　　单位：%

层级	固定薪酬/目标总薪	固定薪酬/实际总薪
L1	68.2	65.5
L2	71.6	68.2
L3	69.3	64.3
L4	68.1	65.3
L5	64.1	60.4
L6	55.1	54.2

4.3.3　绩效管理方式

4.3.3.1　部门/事业部人员绩效考核方式

从行业总体来看，公司对于保险资管部门的主要绩效考核方式为 KPI 考核，占比为 67%；对比不同险种公司，76% 的人身险公司采用 KPI 考核，高于财产险公司的 58%；对比不同规模公司，40% 的大型公司采用 KPI 考核，低于中小型公司的 69%。保险资管部门/事业部人员采用的绩效考核方式详见图 4 - 5。

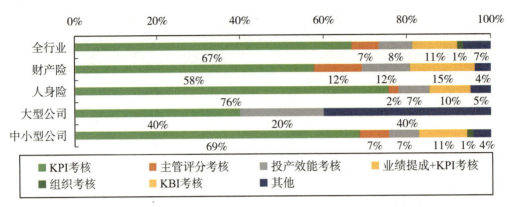

图 4-5　保险资管部门/事业部人员采用的绩效考核方式

4.3.3.2　子公司人员绩效考核方式

从行业总体来看，52.8%的参与调研保险公司采用 KPI 考核；对比不同险种公司，人身险公司采用 KPI 考核的占比为 51.9%，高于财产险公司的 50.0%；对比不同规模公司，约 50.0%的大型公司采用 KPI 考核，低于中小型公司的 53.1%。保险资管子公司人员采用的绩效考核方式情况详见图 4-6。

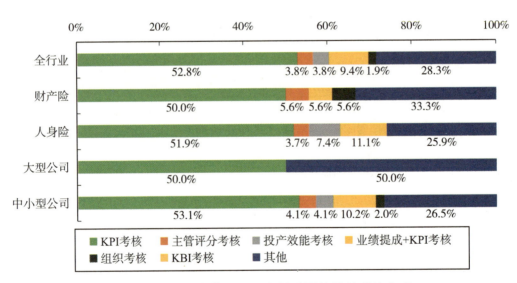

图 4-6　保险资管子公司人员采用的绩效考核方式

目前，大部分保险公司将保险资管职能设为总部部门或者相对独立事业部。保险资管人员在专业技能、能力素质、人员成长路径和人员市场供需等方面与保险公司其他职能差异较大，保险资管的人才竞争市场主要是资产管理行业。但是，作为部门和事业部的保险资管职能，一方面公司对其价值贡献的认定比较模糊，另一方面部门的定位往往侧重于资产配置而非直接投资，这都导致保险资管的人力资源政策仍需要区别于资产管理行业的通行做法。因此，大部分公司会部分参照资产管理行业人力资源管理的特点制定具有自身特色的相关政策。

第 4.4 节　地方保险行业协会人力资源现状分析

本节主要通过参与调研的省级、直辖市和计划单列市保险行业协会的组织架构、人员队伍、薪酬福利情况、主要人员来源和工作开展情况等情况，展示地方保险行业协会人力资源现状。

4.4.1　组织架构设置

4.4.1.1　会员情况

从会员单位数量来看，平均值为 108 家、25 分位值为 60 家、50 分位值为 82 家、75 分位值为 127 家。

从会员单位性质来看，其会员主要为辖内财产险公司、人身险公司、专业中介机构、市（州）保险行业协会及其他机构，分别占比为 29.9%、27.6%、34.6%、7.8%、0.1%。

4.4.1.2　组织架构

从地方保险行业协会的治理架构来看，设有协会会员大会的占比为 23.5%，设有协会理事会的占比为 22.5%，设有专业委员会的占比为 22.5%，设有协会常务理事会的占比为 16.7%，设有协会监事会的占比为 13.7%，设有会长办公会的占比为 2.0%，设有秘书长办公会的占比为 1.0%。

从地方保险行业协会的组织层级来看，组织层级为 4 层、5 层，分别占比为 42.9%、57.1%。

从地方保险行业协会的部门设置来看，设置 4 个部门的占比为 14.3%，设置 5 个部门的占比为 14.3%，设置 6 个部门的占比为 35.7%，设置 7 个部门占比为 14.3%，设置 8 个部门的占比为 21.4%。

4.4.2 人员队伍情况

从地方保险行业协会总体来看，大专及以下学历员工占比为 23%，本科学历员工占比为 65%，硕士研究生学历员工占比为 12%；从各条线来看，核心层管理者和财务管理部中硕士研究生学历员工占比最高。地方保险行业协会人员学历结构详见图 4-7。

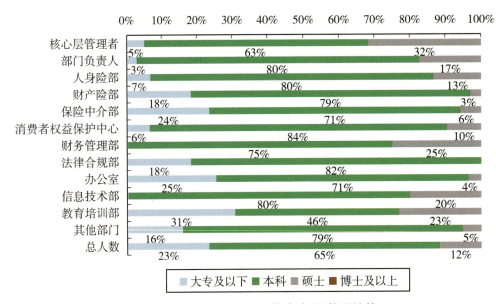

图 4-7　地方保险行业协会人员学历结构

从地方保险行业协会总体来看，25 岁及以下员工占比为 3.5%，26 ~ 35 岁员工占比为 32.2%，36 ~ 45 岁员工占比为 37.0%，46 岁以上员工占比为 27.3%。地方保险行业协会人员年龄结构详见图 4-8。

从地方保险行业协会总体来看，女性员工占比为 54.1%；从各条线来看，消费者权益保护中心、教育培训部、财务管理部中绝大多数为女性员工；核心层管理者、财险部、部门负责人、信息技术部中男性员工占比更高。地方保险行业协会人员性别结构详见图 4-9。

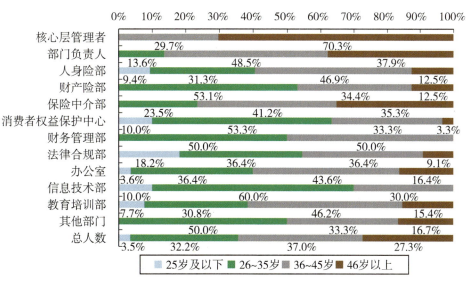

图 4 - 8　地方保险行业协会人员年龄结构

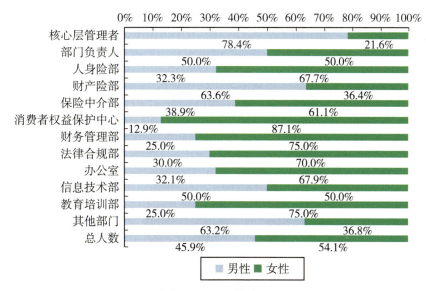

图 4 - 9　地方保险行业协会人员性别结构

4.4.3　薪酬福利情况

从地方保险行业协会薪酬调整周期来看，每年调薪的占比为 42.6%，每两年调薪的占比为 24.1%，薪酬调整周期为三年及以上的占比为 33.3%。

从地方保险行业协会调薪率来看，L6 职级平均调薪率最高，为 8.1%。地方保险行业协会调薪率按职级情况详见图 4 - 10。

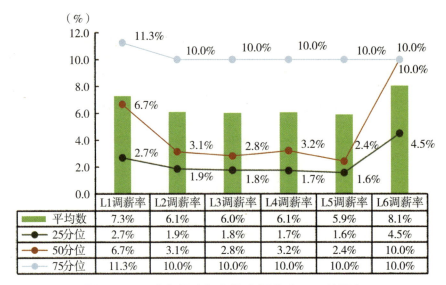

	L1调薪率	L2调薪率	L3调薪率	L4调薪率	L5调薪率	L6调薪率
平均数	7.3%	6.1%	6.0%	6.1%	5.9%	8.1%
25分位	2.7%	1.9%	1.8%	1.7%	1.6%	4.5%
50分位	6.7%	3.1%	2.8%	3.2%	2.4%	10.0%
75分位	11.3%	10.0%	10.0%	10.0%	10.0%	10.0%

图 4 −10　地方保险行业协会调薪率——按职级

4.4.4　主要人员来源

地方保险行业协会员工来自社会招聘的占比为 84.2%，来自会员单位派驻的占比为 12.3%，来自监管部门派驻的占比为 3.5%。

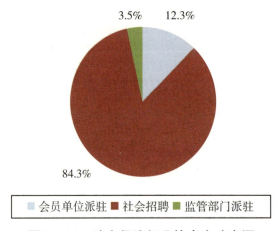

图 4 −11　地方保险行业协会人才来源

4.4.5　主要工作开展情况

从地方保险行业协会日常主要工作来看，根据《保险法》和协会章程规定，地方保险行业协会主要职责为自律和服务，还涵盖了保险消费者维权服务和会员单位交流等职责。

从地方保险行业协会出版刊物来看，"已经有自己单独出版的刊物或者保险行业相关的杂志"的占比为 57.1%；"尚未有独立出版的相关书籍或刊物"的占比为 42.9%。

4.4.6　其他相关情况

保险类社团一般为保险行业协会、保险学会和保险中介协会。由于保险类社团的特殊性，从办公地点来看，"独立办公"和"与本地保险学会合署办公"占比最高，均为 45.8%；"保险协会、保险学会和保险中介协会合署办公"以及"与保险中介协会合署办公"，占比均为 4.2%。

从合署办公的地方保险行业协会的薪酬管理方式来看，"对合署办公的协会和保险学会的薪酬进行统一的核算和发放"的占比为 16.7%；"协会与其他保险类社团分别核算发放"的占比为 83.3%。

第5章 中国保险行业人力资源管理趋势调研

当今世界正处于百年未有之大变局，保险行业作为防范疫情，维护社会稳定的前线行业，在起到经济社会平稳运行"压舱石"作用的同时，也面对着前所未有的挑战与机遇。

对于保险行业的人力资源从业者来说，面对突如其来的疫情，也采取了一系列举措，助力业务的正常推进，如采取灵活工作制，发力开展线上学习等。对于疫情特殊时期所采取的人力资源举措是否会常态保留下去，又会以何种方式继续，成为我们所着重关心的议题。就此，我们从组织、文化、人才、机制等方面，进行全方位的调研，以期为保险行业人力资源从业者未来制定人力资源政策提供参考与帮助。

第5.1节   人力资源趋势调研概况

5.1.1   调研样本

本次有 84 家保险公司实际参与调研，其中人身险公司和财产险公司均各有 36 家，分别占比 43％；此外，保险集团或控股公司有 7 家，占比 8％；再保险公司有 5 家，占比 6％。

5.1.2   使用问卷

本次调研共涉及两份问卷：《人力资源趋势调研》《数字化对人力资源影响趋势调研》。在《人力资源趋势调研》中，我们从管控模式、员工支持、学习发展、人才获取、绩效考核、员工队伍、奖酬激励七个维度展开，了解疫情对保险行业人力资源管理方面造成了哪些影响与冲击，该问卷涉及 7 类标题，含 25 个大题、50 个小题。在《数字化对人力资源影响趋势调研》中，我们从"疫情发生后面临的主要问题""疫情发生后的职责调整与变化""疫情发生后数字化转型重点与对人力资源的影响""疫情发生后保险科技人才的变化趋势"四个主题展开，探究疫情发生后数字化对于保险行业人力资源管理的影响，该问卷涉及四个部分，共 13 道题目。

5.1.3   调研概况

通过对《人力资源趋势调研》得到的数据进行处理分析，我们发现，疫情对于保险公司人力资源管理所造成的影响，在员工支持、学习发展、人才获取、员工队伍方面影响度较大，而对管控模式、奖酬激励、绩效考核方面影响度较低（见图5-1）。

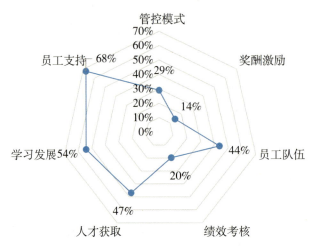

图5-1 疫情对人力资源不同领域的影响度

第5.2节 人力资源趋势调研

通过对《人力资源趋势调研》问卷调研数据作进一步分析和提炼，我们将在下文针对调研中遇到的关键问题或是值得关注的问题进行详细解读。

5.2.1 管控模式

疫情对于保险公司管控方式带来的变化，主要体现在汇报审批的变化上，参调公司中，43%的公司在"汇报审批流程是否有变化"这一题目选择"是"，其中83%的公司表示开始使用电子签或提高电子签使用率，具体见图5-2。

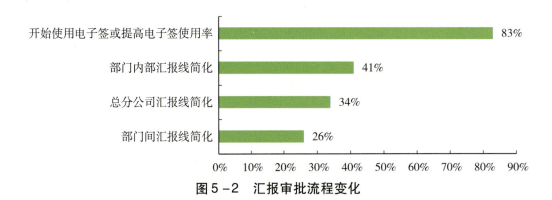

图5-2 汇报审批流程变化

5.2.2　员工支持

疫情对于保险公司在员工支持方面产生了较大影响，主要体现在工作方式的变化，参调公司中，有 83% 的公司在"工作方式是否有变化"这一题目上选择"是"，其中 90% 的公司表示会限制差旅，提倡电话会议开展工作，仅有 12% 公司表示会流动工位，具体见图 5 - 3。

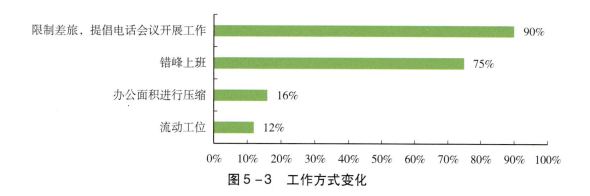

图 5 - 3　工作方式变化

5.2.3　学习发展

此外，疫情对于保险公司在学习发展方面也产生了较大影响，主要体现在学习形式或内容是否有变化。参调公司中，有 79% 的公司在"学习形式或内容是否有变化"这一题目上选择"是"，其中 91% 的公司表示移动学习的比例明显提升，具体见图 5 - 4。

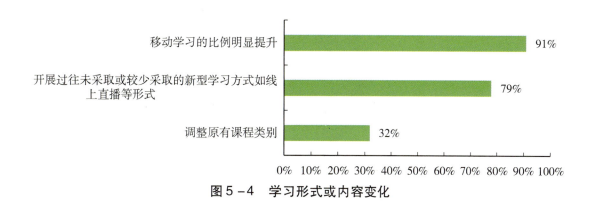

图 5 - 4　学习形式或内容变化

5.2.4 人才获取

疫情对于保险公司在人才获取方面产生的影响也不容忽视，主要体现在面试方式的变化上，参调公司中，有85%的公司在"面试方式是否发生变化"这一题目上选择"是"，其中96%的公司表示会更愿意采取视频面试等远程面试方式，63%的公司表示会减少现场面试次数，只有11%公司表示会使用新型面试辅助工具（如 AI 面试等），具体见图 5 – 5。

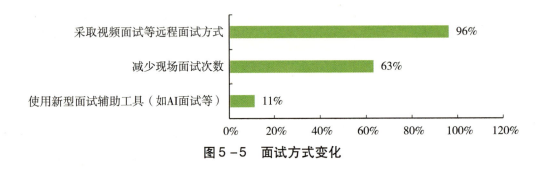

图 5 – 5 面试方式变化

5.2.5 员工队伍

根据调研结果，疫情对于保险公司在员工队伍方面产生的影响较小，值得注意的是，影响主要体现在员工主动离职率的变化上，参调公司中，有50%以上的公司在"员工主动离职率是否有变化"这一题目上选择"是"，其中93%的公司表示员工主动离职率呈降低趋势，具体见图 5 – 6。

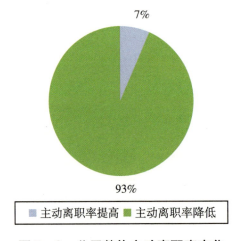

图 5 – 6 公司整体主动离职率变化

5.2.6　奖酬激励

疫情对于保险公司在奖酬激励方面产生的影响度最低，但是值得一提的是，该影响主要体现在年度调薪的变化（包括晋升人员调薪及未晋升人员调薪），参调公司中，有近40%的公司在"年度调薪是否发生变化（包括晋升人员调薪及未晋升人员调薪）"这一题目上选择"是"，没有公司提高调薪率，其余公司均采取不同方式降低或延后调薪，具体见图5-7。

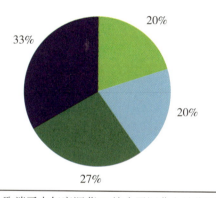

■ 延后进行本年度调薪　■ 取消了本年度调薪　■ 缩小了调薪人员范围　■ 降低本年度调薪率

图5-7　年度调薪变化

5.2.7　人力资源趋势整体变化

通过对该问卷第8大题的整体分析，我们能从参调公司的问卷数据中总结出疫情发生后保险公司人力资源方面的变化趋势。比起降低投入和支出的策略，疫情发生后保险公司更愿意采用控制成本与增加投入相结合的方法，同时关注企业效率提升和人才选拔培养。

关于"疫情对于企业经营哪些方面产生了长远影响"的问题，90%的公司选择了控制人工成本，占比最高；其次是提高移动学习投入、加强保险科技投入，分别占比88%和84%；占比80%以上的选择还有加强员工关怀福利投入、强化绩效考核结果相关性、加强效能理念以及加大业务转型人才储备。相对的，占比最低的三个选择分别是降低技术投入、适当降低福利支出、提升薪酬市场竞争力以吸引人才。具体如图5-8所示。

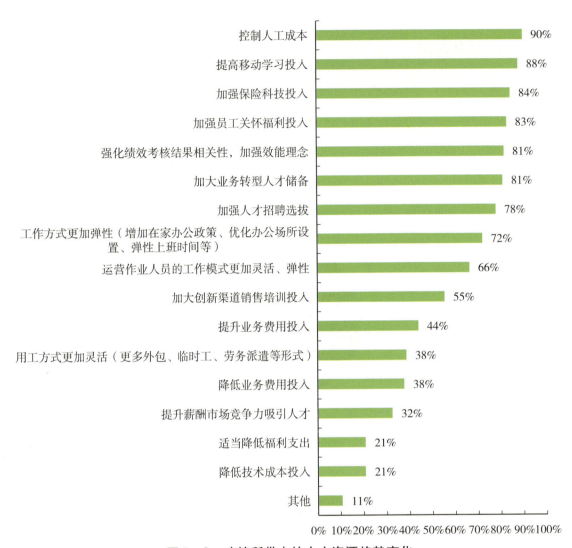

图 5-8　疫情所带来的人力资源趋势变化

第 5.3 节　数字化对人力资源趋势带来的影响调研

5.3.1　当下面临的主要问题

对于前台部门，最为突出的变化为由于过去前台部门依赖线下渠道展业，难以快速远程展业与管理（57%），而电话销售压缩或放弃（4%）并未成为多数公司的"后悔药"，代理人的流失（16%）在疫情来临之际也并未成为主要问题。具体如图 5-9 所示。

图 5-9　疫情发生后前台部门面临主要问题

对于中台部门，面临的最严重问题是由于无法集中办公，数字化运营系统对于远程分散式运营作业支持能力不足（48%），其次是线上理赔与自动理赔能力不足（35%）及客户服务一体化平台建设不足（35%），而理赔工作量超负荷，导致理赔差错率提升（1%）的问题并未给中台部门造成太大困扰。具体如图 5-10 所示。

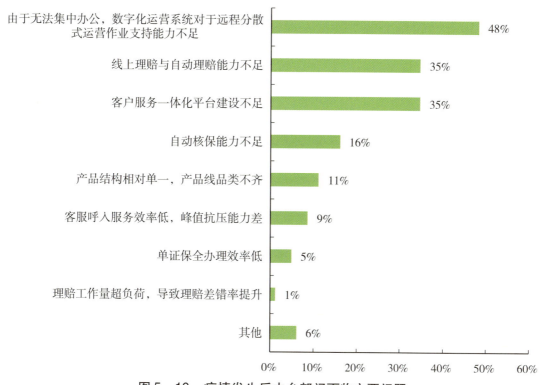

图 5-10　疫情发生后中台部门面临主要问题

5.3.2 相应职责调整和变化

对于前台部门，近一半公司前台部门并无调整，有调整的最为突出的职责变化为销售管理（26%）方面和销售培训（21%）方面，在市场营销（14%）方面受到的调整最小。具体见图 5-11。

图 5-11 疫情发生后前台部门相应职责的调整与变化

对于中台部门，超过 1/3 的公司中台部门职责并无调整，有调整的最为突出的职责变化为信息应用技术（30%）方面，其次是注重对于信息技术数据（26%）和客户管理及服务（26%）方面的职责调整。相对的，法律合规（1%）与精算（2%）则基本未发生变动，因此这方面受影响最小。具体如图 5-12 所示。

图 5-12 疫情发生后中台部门职责调整与变化

对于后台部门，各方面的职责调整较前两类部门相对较小。受到最大影响的人力资源及培训方面调整的变化比例也仅为 16%，而在审计（1%）和党群建设（4%）方面基本不会有较大调整与变化。具体如图 5-13 所示。

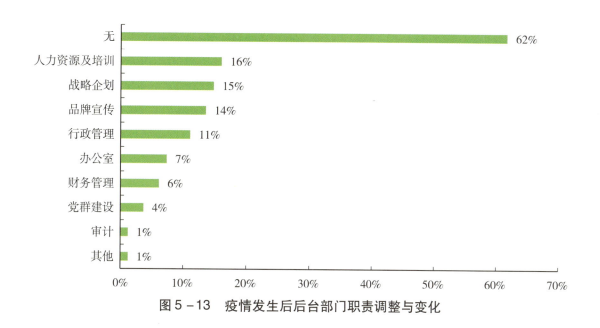

图 5-13　疫情发生后后台部门职责调整与变化

5.3.3　当下数字化转型重点

在疫情发生后公司的数字化转型应聚焦在哪方面的问题，54% 的公司认为应搭建或开拓线上展业平台，扩充线上业务渠道，其占比最高，其次是通过线上招聘培训与绩效管理系统提升代理人管理效率与代理人队伍素质，占比 46%。大多数公司目前不会选择聚焦于增添物联网等数字化风险数据渠道、智能化分析与提出新的产品需求，为产品设计助力（12%）。具体如图 5-14 所示。

在"提高线上承保和无纸化契约程度"方面，其变化会对公司人力资源工作产生多方面影响。57% 公司认为在更新保单运营人才相关技能方面产生影响，占比最高，公司认为不会对扩大保单运营人才岗位编制（1%）和降低保单运营人才人均薪酬水平（2%）产生影响。具体如图 5-15 所示。

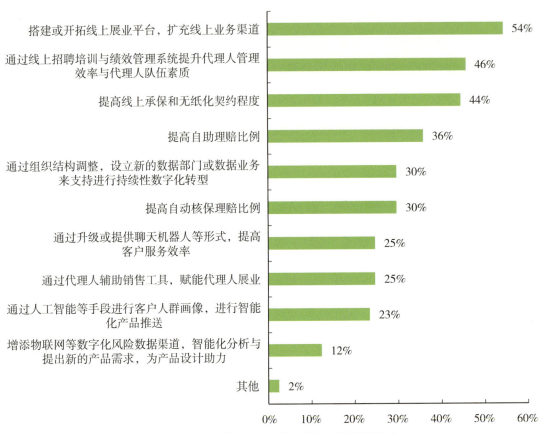

图 5-14 疫情发生后公司数字化转型重点

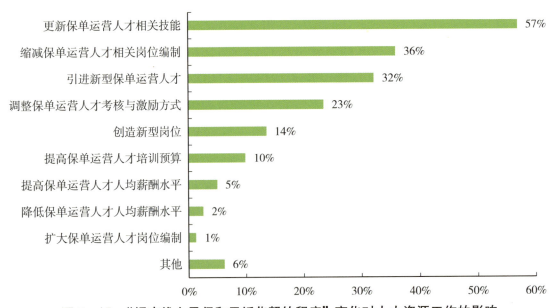

图 5-15 "提高线上承保和无纸化契约程度"变化对人力资源工作的影响

在"提升自动核保理赔比例"方面，其变化同样会对公司人力资源工作产生多方面影响。62%的公司认为在更新核保理赔人才相关技能方面产生影响，占比最高，公司认为基本不会对扩大核保理赔人才岗位编制（1%）、提高或降低核保理赔人才人均薪酬水平（9%）产生较大影响。具体如图 5 - 16。

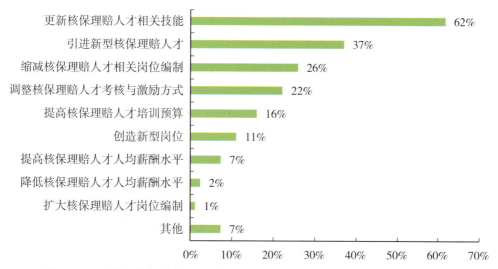

图 5 -16　"提升自动核保理赔比例"这一变化对人力资源工作的影响

在"通过升级或提供聊天机器人等形式，提高客户服务效率"方面，其变化同样会对公司人力资源工作产生多方面影响。54%公司认为在更新客户服务人才相关技能方面更容易产生影响，占比最高，其次是缩减客户服务人才相关岗位编制（35%）和引进新型客户服务人才（30%）方面，没有公司认为扩大客户服务人才岗位编制方面（0）会受到影响。具体如图 5 - 17 所示。

在"增添物联网等数字化风险数据渠道，智能化分析与提出新的产品需求"方面，其变化同样会对公司人力资源工作产生多方面影响。51%公司认为在更新产品精算人才相关技能方面更容易产生影响，占比最高，其次是引进新型产品精算人才（40%）方面，几乎没有公司认为降低产品精算人才人均薪酬水平方面（1%）会受到影响。具体如图 5 - 18 所示。

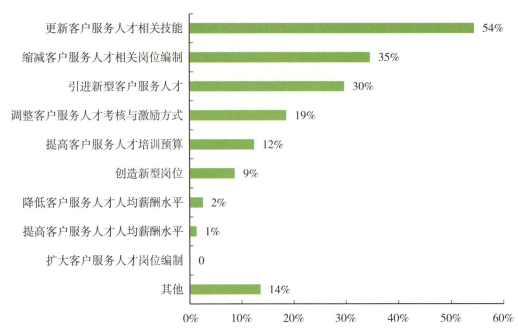

图 5 −17 "通过升级或提供聊天机器人等形式，提高客户服务效率"
这一变化对人力资源工作的影响

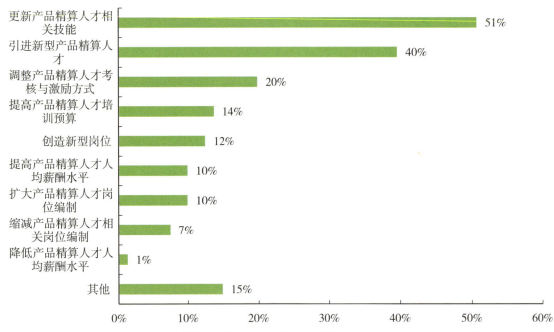

图 5 −18 "增添物联网等数字化风险数据渠道，智能化分析与提出新的
产品需求"变化对人力资源工作的影响

在疫情发生后公司保险科技的使用和人员数量关系的问题上，对人员数量增长的关系尚无明确关系，保险科技的使用对人员增长的反面作用略微突出，具体如图5-19所示。

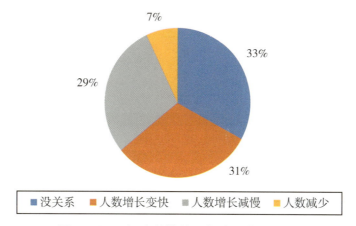

图5-19　保险科技使用与人员数量关系

在疫情发生后公司的岗位替代方面，40%公司认为并没有岗位容易被替代，其余调研岗位中，单证岗（31%）是被认为最容易被替代的，其次是坐席岗（25%）和核保岗（20%），最不容易被替代的岗位是契约岗（16%）。具体如图5-20所示。

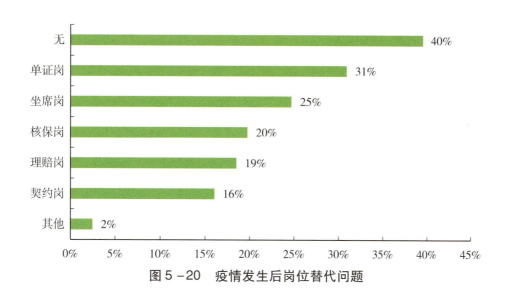

图5-20　疫情发生后岗位替代问题

5.3.4 当下保险科技人员人力资源政策调整问题

关于疫情发生后公司调整保险科技人员人力资源政策的问题，考核方式调整和岗位价值重新评定方面是最受欢迎的选择，占比最高且均为35%，其次是职级体系调整，占比27%。而工作方式的调整，如变更为弹性工作制（16%）的策略并不会被公司优先考虑，具体如图5-21所示。

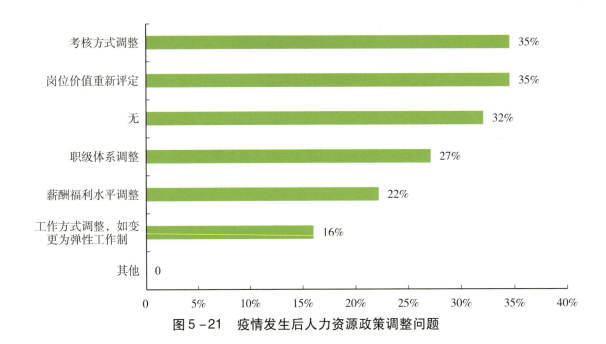

图5-21 疫情发生后人力资源政策调整问题

后 记

2020 年是中国保险行业协会组织编撰《中国保险行业人力资源报告》工作的第六年，2020 年报告在保持以往丰富的市场调研数据与翔实的领先企业案例等特点基础上，补充了保险行业人力资源领域关注的热点议题和关键政策，真实全面地反映了行业整体人力资源管理的实践和趋势。

2020 年报告在调研设计、数据分析、报告编写和编撰修订的过程中都得到了中国银保监会、保险公司、保险行业人力资源工作者和保险行业从业者的支持和帮助。在此，我们要特别感谢中国银保监会对于本次调研的指导。感谢积极参与本次报告案例访谈的保险公司以及参与本次数据调研的公司和从业者，包括接受专题访谈的中国人寿、泰康人寿、阳光保险集团、中信保诚人寿、中美联泰大都会人寿等参与数据调研的 121 家保险行业机构，以及参与线上从业者问卷调研的213006 名保险行业从业者。感谢为本书编撰修订提出专业咨询意见的行业人力资源管理专家，他们是中央财经大学教授陶存文，中国太平洋保险（集团）股份有限公司党委副书记、党委组织部部长季正荣，大家保险集团副总经理李欣，中国太平洋保险（集团）股份有限公司集团党委组织部副部长、人力资源部总经理席志民，中国平安保险（集团）股份有限公司高级人力资源经理杨玉萍，中国人民保险集团股份有限公司集团党校副校长、金融研修院副院长吴朝雷，中国太平洋财产保险股份有限公司党委副书记、工会主席陈辉，阳光保险集团阳光大学校长助理戚午军，新华人寿保险股份有限公司党委组织部部长、人力资源部总经理兼新华党校副校长刘智勇。恺讯咨询公司资深合伙人孟楠、保险行业团队负责人谭力为及团队成员刘远梦、黄恺骅、马永宁、彭志鹏在编撰过程中付出了辛勤劳动。中国保险行业协会教育培训部龚贵仙、陈晓庆、万鑫、林继伟、王雅楠等同志在调研、组织编撰等方面也做了大量工作，在此一并表示感谢！

回望 2020 年，保险行业始终不忘初心、砥砺前行，尽管在疫情的巨大冲击下，各家保险企业尤其是中小企业受到了前所未有的压力，但是在"保险姓保，回归本源"的方针指导下，保险业积极承担社会保障责任，强化保险保障功能，聚焦国家重大战略，推动保险科技创新，践行普惠金融理念，充分体现了保险行业的责任与担当。未来，希望保险业在监管部门的正确指引下，在全体保险人的共同努力下，坚定不移深化金融改革，更好地发挥金融支持实体经济和构建新发展格局的重要作用，真正实现行业高质量发展。

感谢各保险公司、研究机构和保险行业工作者对于《中国保险行业人力资源报告》的喜爱，也希望广大读者朋友能够继续提出宝贵的改进意见，指正书中的疏漏与不足，帮助我们在未来的工作总结继续完善。

再次感谢大家的阅读！

免责声明

  《2020 年中国保险行业人力资源报告》（以下简称"本书"）的知识产权归属中国保险行业协会（以下简称"保险业协会"）所有，本书并无附带任何形式的明示的或暗示的保证，包括但不限于任何关于本书的适用性以及适合做某一特定用途的保证。

  本书内容仅供业内外人士学习、交流、研究使用，不得用于商业或其他用途。本书名称或原文不得在拒保、拒赔时作为依据向客户、法院或仲裁、调解机构援引或者误导；否则，由此引起的一切法律后果及不良影响由使用者自行承担，保险业协会概不承担任何责任。

  本声明未尽事宜以保险业协会官网最新公告相关法律法规为准。

  特此声明！

中国保险行业协会

2021 年 8 月